HRD가 경쟁력이다

기업 생존의 '선택'이 아닌 '필수'

HRD가 경쟁력이다

초판 1쇄 발행일_ 2006년 1월 15일
초판 5쇄 발행일_ 2012년 3월 10일

지은이_ 김기혁
펴낸이_ 최길주

펴낸곳_ 도서출판 BG북갤러리
등록일자_ 2003년 11월 5일(제318-2003-00130호)
주소_ 서울시 영등포구 여의도동 14-5 아크로폴리스 406호
전화_ 02)761-7005(代) | 팩스_ 02)761-7995
홈페이지_ http://www.bookgallery.co.kr
E-mail_ cgjpower@yahoo.co.kr

값 12,000원

ISBN 89-91177-16-6 03320

기업 생존의 '선택'이 아닌 '필수'

HRD가 경쟁력이다

김기혁 지음

BIG 북갤러리

HRD의 총체적인 기본학습서를 제시한다

경기 성장 둔화, 청년 실업자 증가, 유가 급등, 분열된 내부 조직과 치열한 경영환경 속에서의 생존과 지속적인 성장은, 또 다른 소리 없는 전쟁을 치르고 있는 우리들의 현실입니다. 이러한 모습이 현재 우리들의 삶 한 가운데 존재하고 있다고 필자는 생각합니다.

'평생직장'이라는 의미는 환상이 된지 이미 오래 되었지만, 아직도 일부에서는 '설마, 우리들에게는…'하는 인식을 하고 있는 것 같습니다. 아니, 이미 그와 같은 현상에서 뒷걸음질치면서 멀리하고 있을 지도 모릅니다.

거대한 기업(조직)환경이라는 튼튼한 울타리 속에서 '언제나 본인만 잘하면 자리는 보존되겠지'라는 이중적인 생활을 하고 있지 않나 반문과 반성을 해 봅니다.

지난 십여 년 이상 현장 교육업무를 수행하면서 누구나 쉽게 학습이 가능한 기업교육에 대한 전체적인 기본서의 필요성이 대두되었습니다. 따라서 필자는 여기에 HRD(Human Resource Development ; 인적자원 개발)에 대한 총체적인 기본학습서를 제시하고자 합니다.

HRD는 어느 한 특정 부서의 전유물이 아닌 모든 조직원, 특히 관리자들에게는 절대적으로 요구되는 리더십의 필수 덕목입니다. 그것은 조직원들에게 지속적인 성장과 발전을 제시하면서 그들과 함께 성장을 하기 때문입니다.

이 학습서가 HRD에 대한 총체적인 접근은 아니지만, 누구나 손쉽게 HRD에 대한 중요성의 제 인지와 학습의 장이 될 수 있는 밑거름이 되어 조직의 생산성 향상과 인재육성, 특히 핵심인재육성의 장이 되었으면 합니다.

이 책을 완성하기까지 세심한 관심과 격려를 아끼지 않으시고 조언과 지도해 주신 모든 분들께 가슴 깊이 감사드립니다.

먼저 학문에 대한 정신적 멘토인 김석회 교수님, 한준상 교수님, 김교근 교수님, 김오환 교수님에게 진심으로 고마운 마음을 전합니다.

그리고 지속적인 성장과 발전을 위해 격려와 조언을 해 주신 박명규 본부장님, 안희복 대표님, 이기훈 소장님, 최길주 대표님, 직장동료와 정다모 식구, 연산회 선후배님 등 모든 분들에게도 다시 한번 머리 숙여 감사의 말씀을 올립니다.

언제나 변함 없는 사랑과 도전, 용기를 주시는 어머님, 하늘나라에서 지켜보고 계시는 아버님, 항상 곁에서 격려해 주신 형제들과 친척들, 영원한 후원자인 아들, 딸에게 무엇보다 고마움을 전합니다.

마지막으로 다정한 친구이자 인생의 동반자인 사랑하는 아내 이미라와 하느님과 성모님께 감사드립니다.

2005년 12월

김기혁

산업교육에 대한 기본적인 이해를 돕는 책

각 기업들이 핵심인재 양성을 위해서 교육이 중요하다는 점은 인식하고 있다. 하지만 IMF 이후 몇몇 기업에서는 가장 쉽고 빠르게 경비를 절감할 수 있는 방안으로 교육부문의 경비를 줄이는 일을 먼저 시작하였다.

그런 가운데 최근에는 다시 교육의 중요성이 강조되고 보다 효율적인 방안을 찾으려고 고심하고 있다. 특히 경쟁이 치열해지는 작금의 경영환경 속에서 기업에서의 HRD는 그 기업의 경쟁력을 좌우하는 주요한 요소가 되고 있으며, 각 기업에 맞는 교육적인 필요점을 찾아내고 적합한 교육을 제공하기 위해서는 체계적인 절차에 따른 교육과정을 설계하는 것이 무엇보다 중요하게 강조되고 있다.

이러한 시점에서 교육기업인 (주)대교에서 오랫동안 교육관련 일을 담당해온 저자의 경험을 바탕으로 HRD의 기본적인 지침서 역할을 해줄 수 있는 책이 나왔다는 것은 참으로 반가운 일이다. 특히 최근에는 HRD가 모든 부서에서 필요한 요소가 되고 교육을 통한 핵심인재의 배출이 기업의 주요한 핵심역량으로 자리매김하면서 그 중요성이 높아져, 《HRD가 경쟁력이다》는 소중한 책이라 할 수 있다.

HRD의 중요성, HRD 담당자의 역할 그리고 교육의 필요점 분석에서부터 평가에 이르기까지 누구나 쉽게 이해하고 실천할 수 있도록 구성된 이 책이 산업교육에 대한 기본적인 이해와 HRD에 입문하려는 초보자들에게 일목요연하게 정리해 줄 것이라 믿는다.

덧붙여 이 책을 통해 기업교육의 중요성이 확산되고, 더 많은 사람들에게 알려지는 계기가 되기를 바란다.

(주)대교 인재육성본부장

박명규

I

HRD란
(Human Resource Development)
무엇인가?

1. 교육의 필요성

교육의 필요성은 아무리 강조해도 지나침이 없다. 특히 최근의 무한경영 환경 속에서는 교육의 필요성 즉, 핵심인재의 육성과 확보를 위하여 국가, 기업, 학교, 개인 등 사회 구성원 모두가 사활을 걸고 추구하고 있다고 해도 과언이 아니다. 얼마나 경쟁력 있는 인재를 확보하느냐에 따라 미래의 생존이 결정되기 때문에 교육의 중요성은 더 강조할 필요가 없을 정도로 익히 알고 있으며, 수없이 제시되고 있는 동서고금의 사례들을 통해서도 교육의 중요성이 강조되고 있다.

우리에게 가장 대표적인 '맹모삼천지교'의 교훈은 교육과 환경이 얼마나 중요한지를 제시하고 있는 단적인 사례라고 볼 수 있다. 이에 부응하여 우리나라가 전 세계에서 유례를 찾아볼 수 없을 만큼 빠르게 선진국 대열에 오를 수 있게 된 계기는 아마도 일찍부터 교육의 필요성을 절실히 체험

했기 때문에 가능했다고 본다.

교육의 필요성에 대한 화두는 누구나 논할 수 있는 백인백색의 화두인 것 같다. 이 장에서는 공교육이 아닌 사회교육, 기업교육, 평생교육 중에서 교육의 성과가 명확하게 제시되어야 하는 기업교육 측면에서의 전체적인 필요성을 논의하고 싶다.

기업교육에서의 교육의 필요성은 기업이 요구하는 다양한 능력인, 직무수행능력, 대인능력, 문제해결능력 등에 필요한 지식, 기술, 태도, 감수성 등을 체계적으로 습득하고 활용하기 위한 것으로, 기업 측면에서는 경영목적을 달성하는 수단으로, 종업원의 측면에서는 능력 개발과 자기실현의 수단으로, 사회적 측면에서는 건전한 사회인 육성수단으로 제시되고 있다.

2. 교육의 의미

교육의 의미가 학교와 기업교육의 관점에서 판이하게 다르게 제시되고 있으므로, 학교교육과 기업 내 교육의 차이점([표 1]) 분석을 통하여 기업 내 교육의 명확성을 재정립하며, 또한 다양하게 제시되고 있는 기업교육

[표 1] 학교교육과 기업 내 교육 비교 현황

학교교육	기업 내 교육
-배우고 가르치는 것이 목적(지식목적)	-기업의 성과를 높이는 것이 목적
-일정한 커리큘럼(Curriculum)과 교안에 따라 가르친다	-교육내용이나 교육과정이 유동적
-내용이 모두 학생에게 수용된다	-일반적 · 권위적 입장을 취하기 어렵다
-원리원칙 중시, 현실과 거리가 멀다	-현실적 문제를 다룬다
-학습자의 개인 차가 적다	-개인 차의 폭이 크다
-지식학습에 치중	-문제해결에 도움이 되는 학습
-시험제도 · 경쟁적 학습	-자신의 업무성과에 관하여 경쟁적

에 대한 교육의 의미를 보다 명확하게 정의([표 2])할 수 있다고 본다.

[표 2] 기업 내 교육의 다양한 정의

구분	내용
교육훈련	● 어떤 능력을, 기간 내에, 기대하는 정도까지 향상시키기 위해서 효과적인 경험을 할 수 있는 장을 만드는 계획적 노력의 과정 -1985. 한국능률협회
산업교육	● 기업을 포함한 모든 산업 주체가 조직목표의 결성 및 성장발전을 위해 그 구성원의 직무능력을 향상시키고 자기계발을 촉진함으로써 산업 전체의 발전에 기여하기 위한 제반 활동 -1988. 한국능률협회
기업 내 교육	● 경영관리를 위한 활동의 하나로 기업목적 달성을 위하여 고용한 종업원의 업무처리 능력을 개발하는 데 직접적인 목적을 갖고 기업체가 주관하는 모든 조직적인 활동 -1987. 유진봉
훈련	● 현재 직무와 관련된 학습 -황병수, 《HRD전략》 ● 직무와 관련된 학습활동 -손태근, 《인적자원개발》 ● 기술적인 반복성 기술을 향상하여 경영에 공헌함. 주로 실무대상자 -강민주, 《경영학원론》 ● 교육과 같은 뜻이되, 그 대상이 되는 노력의 내용이 기능(기술)이나 태도와 같이 체험적으로 지도할 필요가 있는 경우 -오까베 히로시, 《기업 내 연수전략》

교육	● 가까운 미래에 맡게 될 직무에 대비한 학습 -황병수, 《HRD전략》
	 ● 개인과 관련된 경험 학습 -손태근, 《인적자원개발》
	 ● 이론적 · 특수적 이론 · 지식의 향상
	   →경영 · 자신에 이익, 감독, 숙련적 직위자 -강민주, 《경영학원론》
	 ● 주로 지식 습득을 목적으로 하는 것 -오까베 히로시, 《기업 내 연수전략》
	   광의의 교육 = 협의의 교육+훈련 = 교육훈련

개발/연수	● 특정한 직무와는 상관없이 총체적 성장을 위한 학습 -황병수, 《HRD전략》 ● 조직과 관련된 학습경험 -손태근, 《인적자원개발》 ● 정신적 · 단정성 이론 · 지식 · 상식→자신의 경험을 위함. 관리자 -강민주, 《경영학원론》 ● 교육 · 훈련이 그 주체를 실시자 측에 둔 말인데 반하여, 연수는 그 주체를 학습자에게 둔 말이다. -오까베 히로시, 《기업 내 연수전략》

3. HRD란?

(1)HRD의 정의

  인적자원 개발(Human Resource Development)이란 인적자원(Human-Resource)과 개발(Development)의 합성어로, 인적자원(Human Resource)은 조직이 고용한 사람을 말하며, 개발(Development)이란 이런 인적자원을 육성, 발전시키는 것이다. 즉 조직의 업무성과 향상과 직무수행의 개선 및 개인의 성장과 발전 가능성을 도모하기 위하여, 특정 기간 동안 제공되는 조직화된 학습경험들이며, 이러한 관점에서 인적자원에 대한 다양한 정의를 다음의 [표 3]에서 확인 할 수 있다.

[표 3] HRD 정의

학자	내용
House (1967)	• 조직구성원의 직무수행 향상과 조직의 생존과 번영을 위해 학습증진을 도모하는 총체적 시도
Nadler (1968) (1984)	• HRD는 수행개선을 위하여 일정 기간 내에 이루어지는 조직적인 학습경험(1968) • 수행개선 또는 성장의 가능성을 제고 시키기 위하여 고용주에 의해 특정한 기간 내에 이루어지는 조직적인 학습 경험(1984) -업무성과에 기여해야 하며, 조직원의 성장을 도모하기 위한 학습 -학습은 의도된 학습, 조직화된 학습, 목표와 관련이 있는 학습 -업무성과 향상을 위한 학습은 일정 기간 내에 이루어져 성과에 기여
Gilly(1989)	• 지식, 기술, 업무수행 능력과 개선된 행동을 촉진시키기 위하여 계획된 조직적인 학습활동
황병수(1987)	• 직무성과의 향상 가능성과 개인적 성장 가능성을 높이기 위하여 제한된 기간 내에 실시하는 조직적 학습 경험
Mclagan (1989)	• 개인, 그룹, 조직의 효과성을 향상시키기 위하여 training, OD, CD, development 등을 통합한 활동
Chaofsky (1992)	• 종업원과 조직의 성장 및 효과성을 극대화시키기 위해 학습에 기초한 개입 수단을 개발하고 적용함으로써 개인, 집단, 전문적인 네트워크나 기타 자원관계, 조직의 학습능력을 제고시키는 연구 및 실천 분야

(2) 인적자원 수레모델(HR Wheel Model)

인적자원 분야에 대한 보다 구체적이고 명확한 정의를 이해하는데 유용한 개념으로 활용되고 있는 '인적자원 수레'(Human Resource Wheel Model : Mclagan, P., & R. Mogel for excellence, ASTD Press, 1983)에서처럼 인적자원 영역은 HRD 영역, HRM 영역, HRD의 HRM에 근접한 영역으로 구분되어 제시되고 있다. 여기에서 HRD 영역에는 교육훈련, 조직 개발, 경력 개발이 포함되며, HRM 영역에는 보상수혜, 종업원 문제

해결, 노조/노경 문제, 인적자원 정보체계 등이 포함된다. HRD의 HRM
에 근접한 영역으로는 조직/직무설계, 인적자원 기획, 성과관리체계, 선발
과 직무배치 등이 포함된다([그림 1]).

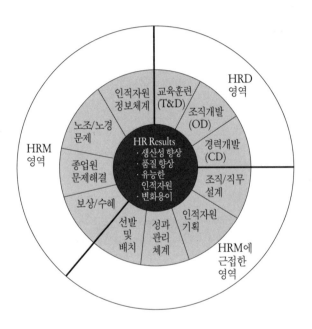

[그림 1] 인적자원 수레 모델(Human Resource Wheel Model)

　　이와 같이 인적자원 개발의 분야는 HRD(3개)와 HRM에 근접한 영역
(4개)을 포함한 분야로 볼 수 있다. 즉, 인적자원 수레에서 제시되고 있는
11개 구성요소에서 7개 구성요소에 대한 부분이 인적자원 개발의 주요개
념이라고 할 수 있는 것이다.

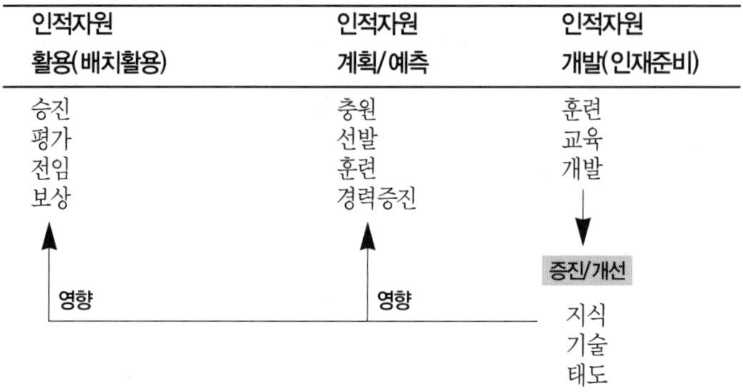

인적자원 활용(배치활용)	인적자원 계획/예측	인적자원 개발(인재준비)
승진 평가 전임 보상	충원 선발 훈련 경력증진	훈련 교육 개발

증진/개선

지식
기술
태도

영향   영향

출처 : Nadler(1979)

[그림 2] 인적자원 개념

(3)HRD의 개념

인적자원의 개념은 인적자원 활용, 인적자원 계획, 인적자원 개발의 세 분류를 포함하는 것이다([그림 2]).

인적자원 활용이란 인적자원을 조직 내에 배치하고 활용하는 것을 말하며, 여기에는 승진, 평가, 부서 이동, 보상 등이 포함된다.

인적자원 계획/예측은 미래에 필요한 인적자원을 예측하는 것과 그들에 대한 적절한 충원, 선발, 훈련, 경력증진을 계획하는 것을 말한다.

인적자원 개발이란 학습을 통하여 조직에 필요한 인재를 준비시키는 것으로 교육, 훈련, 개발을 통하여 조직구성원에 대하여 지식, 기술, 태도, 행동 등을 증진하고 개선하는 활동을 말한다.

(4) HRD의 목적

인적자원 개발의 궁극적인 목적은 조직이 지속적으로 성장할 수 있도록 조직 구성원들의 업무수행 활동을 개선시킬 수 있는 변화를 이끌어 내는 것으로서, 어떠한 형태에서든지 경영성과에 이바지해야 한다.

즉, ① 차이를 만들어 내는 것(Making a difference)으로 현 직무수행의 향상, 비용의 절감, 품질 향상, 업무 개선, 조직경쟁력 증진으로 전이되어야 하며, 또한 ② 조직이 지속적으로 성장할 수 있도록 조직 구성원의 업무수행 활동을 개선시킬 수 있는 변화를 이끌어 내는 것이어야 하며, ③ 업무수행의 불충분한 상태(현 상태)와 바람직한 상태(이상적인 상태)의 간격을 최소화하기 위해 훈련, 개발, 조직 개발, 경력 개발을 통합적으로 활용하는 총체적인 활동이라 할 수 있다.

(5) HRD 구성요소

인적자원 개발의 기본적인 구성요소는 '인적자원 수레모델'에서와 같이 기본구성 3요소인 개인 개발(Individual Development), 경력 개발(Career Development), 조직 개발(Organizational Development)에 수행관리(Performance Management) 요소를 포함하여 4가지 구성요소([그림 3])로 이루어졌다고 할 수 있다.

1) 개인 개발(Individual Development : Training, Education, Development)
단기적 결과로 개인에 초점을 맞추며, 공식적 또는 비공식적 학습활동

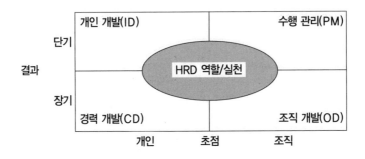

[그림 3] 인적자원 개발 구성요소

을 통한 개인의 성장과 발전에 역점을 두어 현재 직무에 적합한 개인의 지식, 기술, 태도, 역량 등을 향상시키기 위한 모든 학습활동으로 경영자와 임직원을 대상으로 이루어진다.

개인 개발의 목적은 직원들 개인의 지식, 기술, 역량을 향상시키며, 현재 직무에서 행동을 개선하여 직원 요구뿐만 아니라 조직의 요구에 부흥할 수 있도록 하는 데 있다.

개인 개발의 방법으로는 온라인 학습 활동, 컴퓨터 기반교육, 수행지원 도구, 교수자중심 훈련, 위성프로그램, 화상회의, 자기주도학습, 현직훈련 등이 포함된다.

개인 개발의 담당은 교수자(Instructor), 교수 설계자(Instructional Designer), 훈련 컨설턴트(Contract training consultant)가 주로 담당을 하고 있다. 여기서 교수자의 주요 역할은 요구사정을 실시하고 교육전략을 개발하며 적절한 교수방법을 선택하고 적용하며, 교수 설계자는 학습활동에 대한 전체적인 설계를 실시하는 것이다.

또한 훈련 컨설턴트는 워크숍이나 훈련기간 동안에 실시되는 공식·비공식적인 현직훈련(On-the job training)을 제공하는 역할을 수행한다.

또한 개인 개발향상을 위하여 필요한 촉진전략 방향으로는 첫째, 조직 구성원 개인의 강점을 강화하고 약점을 관리하는 방향으로 기본철학의 전환이 필요하다. 둘째, 학습조직을 형성함으로써 효과적인 지식관리를 위한 끊임없는 변화의 시도와 지속적이고 전략적인 과정으로 학습을 직무와 통합하거나 병행하여 체계적인 사고능력을 기른다. 셋째, 실천학습 (Action-learning)으로 문제제기와 반성과정을 통해 경험과 지식을 축적하고, 기술적 또는 새로운(신선한) 질문으로 창조적 지식을 창출한다. 넷째, 학습을 직무에 적용하여 학습전이로 인한 개인 개발을 촉진한다.

2)경력 개발(Career-Development)

장기적인 결과로 개인에 초점을 두며, 개인과 조직 상호간의 경력구상을 위한 구조화와 계획적인 활동 또는 노력이다.

경력 개발에서 개인은 경력 계획을 하고 조직은 경력 관리를 통하여 두 경우가 서로 조화되어 나타나는 과정을 의미하며, 개인과 조직의 상호협력에 의해서만 성공적으로 진행될 수 있다. 경력 개발의 초점은 개발활동에 있으며 이는 개인의 능력을 향상시키는 동시에 조직의 변화와 수행역량을 증진시킨다.

경력 개발의 목적은 개인의 욕구와 조직의 요구가 경력을 통해 성과를 향상시키며, 궁극적으로는 조직의 유연성을 증대시키는 것이며, 조직 구성원의 직무수행에 대한 태도 변화를 통해 직무수행 만족도의 향상으로 생산성을 증진시키는 데 있다.

이처럼 성공적인 경력 개발 프로그램을 유지 · 발전하기 위해서는 경력 개발에 필요한 폭 넓은 인생계획, 개발계획, 수행계획 등을 경력 개발 프로그램에 통합시켜 조직 상황에 적합하게 적용할 수 있어야 한다.

3)조직 개발(Organizational Development)

장기적인 결과에 초점을 두어 조직의 구조, 체계, 문화를 변화시키는 것이다. 즉, 조직의 변화를 위한 학습이라고 정의할 수 있다.

조직 개발의 목적은 조직의 지속적인 효과성, 수행능력, 경쟁력 강화 향상 및 조직의 지속적인 성장에 있다. 이처럼 조직 개발은 지속적이며 장기적인 과정으로, 성공을 위해서는 최고 경영진의 전폭적인 지원과 신뢰가 최우선적으로 요구되고 있다.

또한 조직 개발의 특징으로는 내부 또는 외부의 변화 촉진자를 활용하여 조직의 효율성을 높이기 위한 새롭고 혁신적인 방안의 도입과 경험학습을 활용하는 것이다.

이처럼 조직 개발의 필수요인인 내부 및 외부 변화 촉진자는 대인관계능력, 개념화능력, 통합적 기술능력의 역량이 절대적으로 요구되고 있다.

조직 개발의 최고 가치는 조직의 효과성과 수행능력을 향상하는 것으로, 조직 구성원들이 업무 수행과정 속에서 단지 자원이 아닌 인격체로서 기능할 수 있는 기회를 제공하는 데 그 가치가 있다.

조직 개발에 사용되는 일반적인 단계 모형으로서 문제 규명, 상호관계, 진단, 해결책 규명, 해결책 실행, 평가의 6단계가 연속적으로 순환과정을 통해 이루어진다고 볼 수 있다.

4)수행 관리(Performance - Management)

단기적 결과로 조직에 초점을 두고 있으며, 최근에 HRD 구성요소에 대두되었다. 수행관리는 수행공학(Human Performance Technology)의 핵심 구성요소로서 선행적으로 수행공학에 대한 개념의 이해를 통하여 접근이 용이하다. 여기서 수행공학은 조직의 체제를 개선함으로써 수행증진, 성과향상을 위한 체계적인 접근이라고 정의할 수 있으며, 수행공학의 대상으로는 첫째, 종업원(employees)으로 훈련, 보상, 대체, 전직 등에 관한 것, 둘째, 일터(work-place)로 환경개선 및 지원체제 개선 등에 관한 것, 셋째, 업무(work)로 업무절차의 간소화 및 전체 품질관리 등에 대한 체계적인 접근이다. 즉, 그 대상이 종업원에서 개인으로, 일터에서 환경으로, 업무에서 조직으로 발전하는 것이 수행공학의 발전형태이다. 다시 말해 수행공학의 모델은 결국 조직이 결핍된 것(Deficit - model)을 진단하고 (Diagnostic - Model) 개선하려(Engineering)는 활동이다.

수행관리의 핵심 3요소는 직무 분석, 직무 설계, 과업 분석이다.

또한 수행관리의 목적은 조직의 수행요소를 확인하고 수행 개선활동을 규명하며, 업무분석을 통해 필요요건을 명시하여 과업의 기대수준을 설정하는 것이다. 수행개선을 위한 주요전략으로는 경영개발활동 형성, 자기주도적이고 자부심 있는 직원 개발, 성과를 내는 보상전략 등이 있다. 수행관리에 있어서 관리자의 주요 역할은 조직 구성원들과 상호작용을 위한 훈련, 경력지도, 멘토링(Mentoring) 등이 있으며, 직원의 역할은 중요한 변화시점을 인식하고 목표 달성을 위해 자신을 증진하며 자신의 학습을 계획하여 조직에 기여하는 것이다.

수행관리에서의 HRD 담당자의 주요 역할은 수행관리체제를 활용하여 팀 구축, 갈등해결, 직원관계 증진, 수행개선 및 성과 달성으로 조직의 효과성 증대에 기여하는데 있다.

II

HRD
(Human Resource Development)
담당자의 역할

1. HRD의 중요성

    날로 치열해지는 경영환경 속에서 국가와 기업 및 모든 기관에서 생존
에 대한 필수불가결한 대원칙은 아마도 인재확보전략 즉, 핵심인재의 확
보가 최우선 과제로 대두되고 있다. 핵심인재 확보에 대한 중요성은 날로
증가되고 있으며, 일부 기업에서 경영진의 평가항목으로 얼마나 핵심인재
를 확보하느냐에 따라 평가를 하고 있는 실정이다. 기업의 측면에서는 인
재확보 및 유지전략이 그 기업의 생존과 직결되는 문제이므로 기업의 사
활이 걸려 있는 문제라고 단언할 수 있다. 무한경쟁의 경영환경 속에서 단
지 우리 것만 잘하면 되는 것이 아닌, 세계 제일의 기업들과 경쟁을 하면
서 생존과 지속적인 발전을 위해서 꼭 필요한 일이다. 최근 어느 경영진의
말처럼 "한 명의 천재가 10만 명을 먹여 살릴 수 있다"는 표현이 최근의 인
재확보에 대한 단적인 표현이라고 할 수 있다. 이처럼 날로 치열해지는 인

재확보 전쟁의 소용돌이 속에서 기업 내 인적자원 개발에 대한 막중한 책무를 수행하고 있는 HRD 담당자의 역할과 책무는 이루 말할 수 없이 강화되고 있는 실정이다.

2. HRD의 변화

HRD의 태동은, 세계적으로는 18세기 산업혁명과 더불어 새로운 노동자 계급 탄생 시점부터라고 해도 과언이 아니라고 할 수 있으며, 국내에서는 1957년 미8군 내 한국인 종사자들을 위한 훈련과정의 개설부터라고 예측할 수 있다.

비록 다양한 정의에 따라 태동의 시점이 다르게 나타날 수 있지만, 이 장에서는 이와 같은 관점에서 HRD의 역사에 대하여 용어의 변화([표 4]) 측면과 세계적인 측면[표 5] 및 국내적인 측면([표 6])과 인적자원 관리의 발전 측면([표 7])으로 구분하여 알아보고자 한다.

[표 4] HRD의 변화(용어의 변화)

구분	년대	주요 내용
1	1940년대	훈련
2	1950년대	교육
3	1960년대	연수
4	1970년대	능력개발
5	1980년대	인재육성
6	1990년대	인적자원개발
7	2000년대	핵심인재 육성, 경영성과 창출

[표 5] HRD 태동의 세계적 측면

구분	년도	주요 내용
1	1750년	산업혁명 : 새로운 노동자 계급 탄생
2	1872년	공장학교(Hoe and Company에 시초), 그후 GE, Ford, NCR Ford 자동차 컨베이어 시스템, Charles R. Allen - 4단계 교육지도법
3	1940년대	감독자 훈련(TWI/JIT, JRT, JMT, JST) ASTD(American Society for Training and Development) 형성
4	1950년대	Business Game AMA, 교육매체 Recorder, TV, VTR 사용
5	1960년대	CDP-Assessment Center, ST, OD, Motivation
6	1970~ 1980년대	OD활성화 72년 : 제1회 ASTD 국제 Conference(제네바)
7	1990~ 2000년대	리더십, 마케팅, 세계화 교육 웹 활용을 통한 교육 강화 : 온라인 교육, 사이버 교육 등

[표 6] HRD 태동의 국내적 측면

구분	년도	주요 내용
1	1950년대 -태동기	1957년 한국생산성본부(KPC) 창립 '경영자 아카데미' 개설 미 8군 내 한국인 종사자를 위한 훈련과정이 개설됨
2	1960년 대	경제개발과 생산성 향상 운동기 -1962년 제1차 경제개발 5개년 계획 실시 -ILO Project 기업교육 실시 -1962 : 한국능률협회(KMA) 탄생 / 한국표준협회(KSA) 창립 -품질관리(QC) 도입, -직업 훈련법 반포(1967) -전국경제인연합회(KFI) 창립, -한국경영자 총연합회 창립
3	1970년 대	새마을운동과 HRD 연동기
4	1980년대	경영환경 격변기 -Training Needs의 다양화 -계층, 직능, 과제별 교육(다주제 조합식 교육) -조직개발 훈련의 전성기 : 산악극기훈련, 신념화 교육 등
5	1990년대	구조조정기 -경영관리, 리더십 교육 등
6	2000년대	지식사회 진입과 평생 학습시대 -2000년 3월 : 평생교육법 시행 -고용-보험에 의한 직업능력 개발 확대 -경영성과 창출을 위한 교육훈련

[표 7] 인적자원 관리의 발전 단계별 측면

구분	원천	강조의 측면	새로운 인적자원 관리의 측면
초기단계 ~1930년대	아담스미스, 테일러 과학적 관리법 켄베이어 시스템 초기 산업공학 초기 인간공학	능률 생산성 경제적 동기 합리적 직무 규율	직무설계 성과급 과학적 선발 및 업무 기능적 조직구조

발전단계 1930~ 1950년대	세계공항 호손 공장의 실험 사회학 심리학	만족감 인적욕구 동기부여 자생적 조직	커뮤니케이션 상담 제안제도 민주적 리더십
정착단계 1960년대~	행동과학 시스템 이론 TQM	성과 만족감 자기계발 개인과 조직의 통합 조직문화	인력자원 개발 조직 개발 변화관리 경력 개발등

3. HRD 전략

(1) 인재의 중요성

국경을 초월한 무한경쟁의 세계화, 국제화의 경영환경에서 국가와 기업 및 모든 조직들이 지속적인 성장과 생존을 위해서는 원하는 인재를 확보 및 유지하여 지속적인 생산성을 확대해가야만 한다. 이러한 관점에서 인재는 무한 경쟁의 지식사회에서 기업의 경쟁력이며 생존력이라 말할 수 있다.

18세기 산업혁명 이후 기업의 경영진은 지속적인 성장과 생존을 위하여 다양한 방법으로 인적자원 즉, 인재의 유지 · 관리에 많은 관심을 기울였다.

다음 [표 8]은 산업혁명 이후 기업의 경쟁력 강화를 위한 인재의 단계별 현황을 제시함으로써 인재중심의 경영을 강조 하고자 한다. 또 [표 9]는 인재관리에 대한 패러다임의 제시를 통하여 HRD 담당자의 역할 또한 역동적으로 변화를 제시하고 있다고 본다(D사 W/S자료).

[표 8] 단계별 인재 중요성

단계	주요 내용	
대량생산	공급 초과 현상	
산업 구조론적 전략경영	시장 매력도 만의 접근 한계	생산에서 ⇒ 전략으로
자원론적 전략경영	핵심역량의 실체 모호	
경영혁신	조직 내 혁신 체질화의 한계	전략에서 ⇒ 조직으로
조직학습	핵심지식의 조직화 한계	
지식경영	누가 가치 있는 지식을 소유?	조직에서 ⇒ 사람으로
사람 중심 경영	핵심지식을 가진 인재들의 자발적인 역량 발휘가 사업의 성공요인 인재들이 성과향상에 몰입하는 '매력적인 회사'를 만드는 것을 추구하는 'Soft'한 경영 매커니즘(Mechansim)	

[표 9] 인재관리의 패러다임 변화

지금까지~	앞으로는~
기업 입장에서 구성원을	
●양적 요소(As Cost) : -생산수단으로서의 노동 -잘되면 충원, 안 되면 감축의 대상	●질적 요소(As Partner) -'지적자산'으로 인식 -사업성공 여부는 인재의 역량 발휘
구성원 입장에서 자신을	
●직장인 -고용안정(Employment) 중시 -조직이 우선, 개인은 소속에 만족	●직업인 -고용가능(Employability) 중시 -개개인의 시장가치 제고가 중요

(2) 인적자원 개발전략의 발전방안

　기업에서의 인적자원 개발전략은 단기적 관점에서의 인재경영을 탈피하여야 하며, 회사의 중장기적 비전전략과 연계된 경영전략의 하나로 인식전환이 요구되며, 조직의 역량을 강화하고 나아가 기업의 수익성 제고에 기여하여야 한다. 또한 기업성장과 구성원의 가치증진을 통하여 기업조직에서의 Commitment를 이끌어내어 대내외 경쟁력을 갖춘 조직으로 지속적인 성장을 추구해야 한다. 이와 같은 관점에서 살펴볼 때 우리나라 기업들의 교육훈련 문제점과 세계 일류기업들의 인적자원 개발전략을 통하여 향후 인적자원 개발전략의 발전방안을 도출하고자 한다.

　현재 우리나라 기업들의 교육훈련 문제점으로는 경영전략과의 연계성 부족, 최고 경영층의 관심부족, 인사 및 경력 개발과의 연계성 미흡, 인적자원 개발 전문인력의 부족, 교육내용과 실제업무와의 연계성 미흡, 교육을 투자가 아닌 비용으로 인식하는 부분과 모방 일변도의 훈련으로 인한 다양한 문제점이 제시될 수 있다.

　한편 세계 일류기업들의 인적자원 개발전략으로는 우수한 인적자원의 확보와 함께 인적자원의 육성·유지에 보다 초점을 두어 추진하고 있다. 또한 우수한 인적자원 중에 리더급 인재육성에 중점을 둠으로써 대내외 경쟁력 있는 리더의 육성에 있으며, 한편으로 기업 내 구성원에 대하여 의도적이고 체계적인 육성을 통하여 초 일류기업으로서의 지속적인 인재육성과 확보 및 유지에 주안점을 두고 실천하고 있다.

　이와 같이 상호비교를 통해 우리 인적자원 개발전략의 발전방안으로서는 첫째, 인재양성을 위한 장기적인 비전 정립이 필요하며 둘째, 경영전략과의 연계성 확보 및 강화가 요구되며 셋째, 인사와 경력 개발과의 연계시스템 구축과 강화가 필요하며 넷째, 교육비에 대한 인식의 변화 즉, 비용이 아닌 투자비로의 인식 전환이 절실히 요구되며, 다섯째, HRD 담당 부서 및 담당자의 전문성 확보를 통한 체계적인 교육훈련시스템의 확보가 절실히 요구되고 있다. 여섯째, 최고 경영층의 일회성 관심이 아닌 지속적인 관심과 교육에 대한 인식의 전환이 요구되며 일곱째, 조직 내 인적자원에 대한 지속적인 개발과 유지 프로그램의 강화가 요구되고 있다. 또한 여덟째, 조직 내 핵심인적자원에 대한 개발과 유지 프로그램의 개발, 강화를 통하여 지속적인 성장과 생산성 강화에 기여될 수 있어야 한다.

이와 같은 발전방안을 통하여 향후 HRD 전략은 첫째, 인적자원 개발 활동을 경영전략으로의 인식과 제도화를 하며 둘째, 내 사람은 내가 키우고 책임진다는 OJT(on the job training)/맨토제(Mentorship) 중심의 HRD시스템의 개발이 요구되며 셋째, 저비용 고효율의 경영성과 지향적 교육 프로그램을 운영하여야 하며 넷째, 온-오프라인(on-off Line)을 결합한 혼합 학습(Blended learning)과 멀티 프로그램을 강화하며 다섯째, 조직원의 삶의 질 향상을 위한 평생학습체제 구축과 다양한 기회제공을 하여야 한다.

4. HRD 담당자의 역할

(1) HRD 담당자의 임무와 역할

기업 교육을 수행하고 있는 HRD 담당자의 역할에 대한 중요성은 아무리 강조해도 지나침이 없지만, 그들의 업무수행에 필요한 임무와 역할에 대한 내용의 재정립을 통하여 HRD 담당자들의 업무수행역량을 강화해 보고자 한다.

첫째, <u>HRD 담당자의 임무</u> 측면에서는 ①경영성과(경영목표 달성)에 기여하는 교육훈련 실시, ②성과중심의 교육 실시, ③교육훈련의 성과요인에 대한 철저한 관리 실시, ④투철한 성과의식, 성과요인의 철저한 관리, 교육훈련의 필요점을 정확하게 파악, 강사에 대한 성과의식 고취/강화, 교육대상자 편성에 대한 고찰, 교수-학습목표 관리, 교육훈련성과에 대한 사전·후 관리,

⑤기업의 문제해결과(문제해결형) 업무와 직결된(업무직결형) 경영성과 제고에 도움이 되는(경영밀착형) 교육훈련 등을 실시하여야 한다([표 10]).

둘째, HRD 담당자의 기본적 역할에서는 크게 교육관리 담당자로서의 역할과 교육 컨설턴트로서의 역할 및 집합교육의 계획, 실시자로서의 역할로 구분될 수 있다고 본다. 세부적 역할에 대한 내용은 다음과 같이 알아볼 수 있다.

①교육담당자로서의 역할 :
    - 교육훈련의 필요점 파악을 통한 기업 내 교육방향 결정
    - 경영활동상 필요하고 발생된 제 문제 가운데 교육으로 해결할 수 있는 것을 가려내는 것
    - 문제의 긴급성, 난이도, 영향효과를 고려하고 파악할 수 있는 것 등
②교육 컨설턴트로서의 역할 :
    - OJT의 효과적인 추진을 위한 조언
    - 자기계발의 효과적인 추진을 위한 지원자
    - 기타 교육관련에 대한 활동과 지원자
③집합교육의 계획 · 실시자의 역할 :
    - OJT의 보완 및 자기계발을 지원하기 위한 교육과정의 개발 및 실시
    - 외부 위탁교육과정의 선택과 활용 등

또한 경영에 필요로 하는 HRD 담당자의 역할로서는 ①행동하는 실천자, ②인간 신뢰자, ③기업문화/가치의 촉진자, ④혁신가, ⑤문제해결을 위한 연출가(해결사) 등으로 구분할 수 있다.

또 다른 방법으로 HRD 담당자 역할의 구분으로서 ①기업교육목적에 의한 역할은 회사방침의 전파 기능, 인재육성과 문제해결 개선 기능, 신인

사제도의 패러다임 변화자 등이다.

②교육활동의 흐름에 의한 역할은 교육계획(요구 파악, 교육방침, 교육체계의 입안), 교육기획(교육형태 결정, 프로그램 기획), 교육실시(교육사내홍보, 교육 진행)로 구분할 수 있다.

기업교육의 궁극적인 목적이 조직의 방향이나 목표의 추구, 실현에 있으므로 HRD 담당자가 기본적으로 수행해야 할 필수조건으로는 ①경영마인드의 중요성 인지, ②부단한 연구와 노력하는 자세, ③기업문화 정착의 핵심역량 보유, ④다양한 교육기법의 파악, ⑤효과적인 교육관리능력 등이라 할 수 있다.

이와 같이 HRD 담당자의 임무와 역할 등에 대한 내용을 종합할 때 HRD 담당자의 주요 역할은 ①교육계획, ②교육실시 및 운영, ③교육지도, ④교육의 전반적인 관리 부분으로 역할을 구분할 수 있다.

[표 10] HRD 담당자의 임무

구분	주요 내용	비고	
교육과정연구	-교과목 및 교수요목 연구 -교재 및 사례 개발 -교육기법 연구 -강사선정 및 관리 -교육 대상자 파악	직무교육 및 자기계발	기타교육지원 및 관리
교육운영	-교육과정 집행 -강사의 강의 내용 분석 -교육생 상담 및 생활지도		
교육관리	-교과목별 효과분석 -교육평가 및 피교육생 평가 -건의 사항 처리		

(2) HRD 담당자의 전문화전략

HRD 부문이 조직의 성과제고를 위하여 전략적 HRD로 역할이 변화되고 있는 시점에서 HRD 담당자에게 새롭게 강조되고 있는 주요 역할은 '내부 컨설턴트(Internal Consultant)와 수행 컨설턴트(Performance Consultant)'. 이들에게는 HRD 담당자의 역할과 더불어 전략기획 수립능력과 마케팅능력, 프로젝트 관리능력, 고객과의 관계형성 및 유지능력, 문제해결능력 등 다양한 능력과 역할을 기대하고 있다. 이처럼 경영환경의 변화에 따라 요구되고 있는 다양한 업무수행능력 강화를 위해서는 지속적인 학습과 자기계발을 통하여 HRD 분야에서 전문가가 되어야만 한다. 특히 HRD 분야에서의 전문가 개발이 중요한 주요 이유로는 ①비교적 새로운 분야이며, ②변화가 역동적으로 이루어지고 있으며, ③타인의 모범을 통하여 신뢰를 형성하여야 하며, ④사전에 충분한 학습의 기회가 없었으며, ⑤조직 구성원들의 지나친 기대 등이 있다고 볼 수 있다.

한편 HRD 담당자의 전문화 방안으로서는 첫째, HRD 부문이 경영전략과 연계한 경영성과에 기여하는 교육으로의 철저한 변화가 요구되며, 장기적으로 경쟁력 있는 인적자원을 통한 이익센터(Profit-center)로 활동할 수 있도록 핵심역량을 갖추어야 한다. 둘째, 기존의 전통적인 교육담당자의 역할에서 벗어나 조직 구성원들의 성과향상을 위해 지도, 조언을 할 수 있는 내부 컨설턴트(Internal Consultant)로 변신해야 한다. 셋째, 기본적인 업무수행을 바탕으로 평가자, 매체 전문가, 전략가 등의 다양한 역할에 집중해야 한다.

이와 같이 HRD 담당자의 전문화 개발의 중요성과 전문화전략에서 요구되고 있는 역할(Roles) 및 역량(Competencies)과 함께 최근 새롭게 제시되고 있는 수행 컨설턴트(Performance Consultant)의 역할에 대한 내용은 다음([표 11, 12, 13])과 같다.

[표 11] HRD 담당자의 전문가 역할 및 역량(11가지)

구분	주요 내용
1	강사(Instructor) : 정보와 구조화된 학습경험을 제공함으로써 학습자가 배운 것을 현업에 적용할 수 있도록 인도하는 것 -강의, 프리젠테이션, 구조화된 학습의 촉진(R/P, C/S, 게임 등)
2	교재개발자(Instructional-Materials Developer) : 책자나 전자 기자재를 이용하여 수업 교재를 준비한다 -Teaching Guides, -Work-Book, -Work Sheets, -Computer Based Material 등
3	프로그램 설계자(Program-Designer) : 학습니즈를 분석하여 개별 프로그램의 목표, 내용, 학습활동 등으로 나타낸다. 예)교육목표 수립, 계획, 디자인 등
4	요구분석가(Needs Analyst) : 이상적인 수행과 실제 수행과의 차이를 알아내고, 그 원인을 규명하는 것. 예)직무수행의 문제점을 파악하고 개인이나 조직의 지식, 기능, 태도 등 직무수행 문제점과 수행수준을 평가하여 조직 내 문제해결이나 직무수행능력 향상을 위한 제안을 하는 데 있음
5	연구자(Researcher) : 새로운 정보(이론, 연구, 개념, 모델, 하드웨어)를 규명, 개발 테스트하고 조직과 개인의 수행을 향상시키기 위한 정보들 임
6	평가자(Evaluator) : 교육, 훈련, 개발과 같은 활동이 개인이나 조직의 효율성에 미치는 영향을 측정 및 평가한다
7	경력개발 상담자(Career Development Advisor) : 개인이 자신의 능력, 가치, 목표를 평가하고 경력 개발을 설계와 수행할 수 있도록 돕는 것
8	조직변화 촉진자(Organization Change Agent) : 조직, 그룹의 갈등을 해결하고 그들의 규범 가치를 꾀함으로써 궁극적으로 조직행동의 변화를 도모함
9	HRD 운영자/관리자(Administrator/Manager of HRD) : HRD 운영과 프로젝트의 계획, 조직구성, 인력배치, 조정과 HRD 부서 이외의 부서들을 HRD 기능과 연계 -장기계획개발, 프로젝트나 부서의 인력배치, HRD 부서의 정책과 전략개발 등
10	
11	판매자(Marketer) : HRD 관련 프로그램, 서비스를 계약하고 판매하며, HRD 제품과 서비스 및 프로그램에 대한 긍정적인 이미지를 만든다.

ASTD : 〈HRD 전문가에 대한 역할 및 역량에 대한 연구〉

[표 12] HRD 담당자의 전문가 역할 및 역량

구분	주요 내용
1	평가자 : 프로그램, 교육활동 및 결과의 성과정도를 판단하는 능력
2	그룹 진행자 : 개인학습과 그룹원들이 느낀 경험을 긍정적으로 느낄 수 있도록 그룹의 토의와 과정을 관리하는 역할
3	경력 개발 상담자 : 개인이 자신의 능력, 가치관, 목표 등을 평가하며, 자신의 발전 계획과 경력 개발을 도와주는 역할
4	자료 개발자 : 학습과 자료를 개발하여 준비하는 역할로서, 인쇄 및 전자매체의 교수자료를 생산하는 것
5	강사 : 각 개인이 학습 할 수 있도록 정보를 알려주고, 구조적인 학습의 경험을 지도해주는 역할로서 개인 및 그룹의 토의와 프로세스를 관리 함
6	Training & Developer : T&D 활동과 프로젝트를 계획, 조직화, 조정을 통하여 T&D 활동을 다루는 조직단위와 연결시키는 역할
7	마케터 : HRD 관련 프로그램 및 서비스에 대한 마케팅과 계약을 하는 역할
8	교육매체 전문가 : T&D를 위하여 오디오, 컴퓨터 등을 이용하여 S/W를 개발하고 다른 분야의 다양한 기술을 도입하는 역할
9	분석자 : 바라는 성과와 현재의 성과 및 성과 조건 등을 확인하고, 그 차이의 원인을 판단하는 역할
10	프로그램 운영자 : 학습에 있어서 기자재, 장비, 교육생 및 각종 요소들을 유지하고 프로그램이 원활하게 운영되도록 확인 및 관리하는 역할
11	프로그램 기획자 : 학습목표와 내용을 정의하고 프로그램에 필요한 활동과 순서를 정하는 역할
12	전략기획자 : T&D의 구조, 조직, 방향, 정책, 프로그램, 교육운영과 훈련 등이 T&D의 목표를 달성하는데 타당한가에 대한 장기적인 계획을 짜는 역할
13	이론가 : 학습, 훈련, 개발에 관한 이론들을 개발하고 검증하는 역할
14	변화촉진자 : 조직 구성원들에게 행동의 변화가 일어나도록 영향을 주고 지지하는 역할
15	성과분석가 : 기업의 전략과 요구에 부합되는 기업 성과를 분석하고, 이상과 실제(현실)의 차이를 도출해 낼 수 있는 역할
16	성과 컨설턴트 : 경영진에게 성과향상을 위해 어떤 노력(인적자원 측면)을 해야 하는가를 제시할 수 있는 역할
17	행정담당자 : HRD 프로그램과 서비스를 제공하는데 필요한 협조와 지원서비스를 제공하는 역할

〈일반기업 내 교육담당자의 역할 자료〉

[표 13] 전통적 교육담당자와 Performance Consultant 역할의 상호비교

구분	전통적 교육담당자 역할 Traditional Trainer Role	수행 컨설턴트 역할 Performance Consultant Role
관심의 초점	•조직구성원 학습요구(Learning needs)를 파악하고, 교육과정을 개발 및 개설, 운영한다	•조직 구성원의 직무 수행요구(Performance needs)를 파악하고, 교육과정을 개발, 개설, 운영한다
산출물 Out put	•교육프로그램, 컴퓨터 기반 교육 등의 구조화된 학습경험을 만들어 낸다 •교육을 목표로 간주한다 •조직 구성원이 학습하여 바람직한 결과를 얻어 낸다면 전통적인 교육담당자의 역할을 다한 것임	•직무수행 변화와 개선을 도와줄 서비스를 제공한다 •교육프로그램 뿐만 아니라 직무수행 모델(즉, 경영목표를 달성하는데 필요한 직무수행)과 최적의 직무수행을 방해하는 작업환경에 대한 문제를 제기한다 •교육 목표 달성을 위한 수단(mean)으로 간주한다 •조직 구성원은 자신들이 학습한 것을 업무에 적용해야 한다 •직무수행이 바라던 방향으로 이루어졌을 때에야, 직무수행 컨설턴트가 자신의 역할을 다한 것임
책임 Account ability	•교육활동에 책임을 진다 •참가자 수, 강의시간, 과정 등을 측정한다 •기본적으로 교육의 다다익선(多多益善)을 추구한다	•경영자나 다른 조직 구성원들과 동료 의식을 형성, 유지할 책임이 있다 •조직 구성원들의 직무수행을 개선하는데 얼마나 기여했는지를 평가한다
측정 Measures	•교육에 대한 평가는 참가자의 반응과 학습을 측정하기만 하면 된다	•교육 · 비교육 프로그램의 결과는 직무수행의 변화와 비용/효과의 관점에서 측정한다
요구사정 Assessments	•전형적으로, 조직 구성원의 교육요구(training needs)만을 파악한다	•직무수행 격차(gaps)를 결정하고 원인을 알아내야 요구사정이 완료된다 •작업환경이 직무수행을 얼마나 신속히 지원할 수 있는지 파악한다
조직목표와 맺는 관계	•교육에 드는 예산을 (투자가 아닌)비용으로 간주한다 •경영목표와 교육프로그램의 상관성이 미흡하다	•비용절감과 같이 측정 가능한 결과를 산출하는 기능을 담당한다 •조직목표와 밀접한 관계를 맺는다

(3) HRD 담당자의 직무별 필요능력

HRD란 조직의 업무성과 향상과 직무수행의 개선 및 개인의 성장과 발전을 도모하기 위하여 특정한 기간 동안 제공되는 조직화된 학습경험과 기업이 고용한 사람들이 해당 업무를 성공적으로 수행하고 업무성과를 창출하도록 해당 업무에 필요한 지식, 기술, 태도를 습득하여 일정 수준의 변화를 일으키는 행동이라고 정의할 수 있다.

이와 같이 HRD 담당자로서 경쟁력이 있으며, 성과지향적인 업무를 수행하는데 필요한 자격요건과 직무별 필요능력은 다음과 같이 논할 수 있다. 교육담당자로서의 자격요건의 영역은 크게 지식, 능력, 의욕, 성격, 신체, 기타로 세분화 할 수 있으며([표 14]), 직무에 따른 구분으로는 과정개발자, 직무니즈 분석자, 전략 기획자, 강사, 과정운영자, 교육전문관리자, 기타에 대한 각각의 필요능력이 요구되고 있다([표 15]).

[표 14] HRD 담당자의 자격 요건

영역	세부항목
지식	경영관리지식, 인사, 현장지식, 기업특성, 기업문화 등 관련지식 및 전문지식 -학문 : 경영, 경제, 행정, 교육, 심리, 역사, 철학, 시사 등 다양한 지식
능력	기획력, 조직력, 분석력, 창조력, 이해력, 논리적 사고, 감화력, 추진력, 정보수집, 리더십 등
의욕	가르치는 의욕, 자기계발의욕, 흥미, 열정/정열
성격	감수성, 신뢰감, 성실감, 명랑성, 겸손함, 인내심
신체	건강, 단정한 용모, 바른 태도
기타	경영환경 변화를 예측하는 안목, 상황변화에 능동적으로 대처하는 적응력, 끊임없는 자기계발, 역사적 안목의 제고

[표 15] HRD 담당자의 직무별 필요 능력

영역	세부영역
과정운영자	성인학습원리, 기록관리 기술, 시청각기술, 교육훈련 기법
과정개발자	성인학습원리, PC운영기술, 조직행동(위)원리, 목표설정 기술 질문 및 피드백 기술, 능력파악 기술, 작문기술, 데이터 활용력 교육훈련 기법, 모델 설정 기술
직무·니즈 분석자	데이터 활용력, PC운영 기술, 질문/피드백 기술, 조직행위(동) 능력파악 기술, 성과관찰기술, 교육훈련기법, 산업계 이해
전략기획자	데이터 활용력, 조직행동(위), 산업계 이해, 미래예측기술, 비용/효과분석 기술, 인사관련 분야, 교육훈련분야, 조직 이해
강사	성인학습 원리, 조직행동(위) 이해, 교육훈련기법, 발표/피드백 성과관찰 기술, 그룹(소집단)운영 기술, 대인관계 형성기술
전문관리자	관리자로서의 능력, 전반적인 능력 소지
기타	교육방침, 조직, 시스템에 대한 이해 기본

(4) HRD 담당자의 사명

기업의 생존전략은 얼마나 많은 대내외 경쟁력 있는 핵심인재를 확보하고 유지하느냐에 있다고 해도 과언이 아니다. 이처럼 핵심인재에 대한 지속적인 유지 및 관리와 지속적인 능력 향상을 통한 업무생산성 향상을 추구하기 위한 HRD 담당자의 역할은 새로운 패러다임(Paradigm)의 추구와 지속적인 혁신을 요구하고 있다고 본다. 이러한 관점에서 기업 내 HRD의 목적은 조직이 지속적으로 성장할 수 있도록 조직 구성원들의 업무수행 활동을 개선시켜 변화를 이끌어 내는데 있으며, 그 차이를 만들어(Marking a difference)냄으로써 직무수행의 향상과 비용의 절감 및 품질 향상, 업무 개선, 조직경쟁력 증진을 이끌어 내는데 있다. 또한 현 상태와 바람직한 상태의 정확한 규명을 통하여 그들의 차를 최소화하도록 해야만 한다.

교육담당자의 중요성과 목적을 통하여 HRD 담당자의 사명을 크게 네 가지로 정리할 수 있다.

첫째, 기업의 성장발전에 공헌하는 전문가(Professional) 만들기, 그리고 그 사람들의 활약이 기업의 재무가치를 크게 개선해 가는 구조를 만드는 것이라 할 수 있으며 둘째, 경영진과 같은 눈높이로 기업경영을 보며, 경영요구(needs)와 현장요구를 충족하는 상황에서 최적의 인재 개발전략을 생각하고, 교육훈련기획과 교육과정의 설계, 개발, 운영을 책임지고 수행해가야 한다. 셋째, 교육과정은 눈에 보이지 않는 상품이므로, 사내의 대다수 조직원으로부터 신뢰와 전폭적인 지지를 받을 수 있는 과정을 개발하여, 그 과정에 꼭 필요로 하는 조직 구성원들에게 적용할 수 있도록 하여야 한다. 넷째, 교육담당자가 기업(조직) 내 교육의 전문가를 지향하며, 지금 무엇을 선택하고, 무엇을 배울 것인가를 문제로 정해야만 한다.

이와 같은 교육담당자의 사명을 통하여 HRD 전문가의 'Expert Power(무엇을 할지 아는 것 : Knowing what to do)'를 위한 인적자원 개발방향으로는 첫째, 최고경영자의 역량 개발이 최우선적으로 이루어져야 하며 둘째, 조직 구성원에 대한 글로벌화 될 수 있는 교육을 실행해야 하며 셋째, 조직의 비전을 공유하기 위한 책임 있는 교육실행이 요구되며 넷째, 교육품질과 서비스에 대한 책임과 동기부여 교육실행이 요구되며 다섯째, 학습자(조직 구성원)들의 가치를 창출하기 위한 인간존중 경영능력 배양교육이 절실히 요구되며 여섯째, 첨단정보 기술을 교육과정과 교육활동에 적극적으로 활용할 수 있는 능력을 향상하여야 하며 일곱째, 교육담당자는 교육제공자인 동시에 학습자이므로 다른 구성원들에 대비하여 보다 적극적이며 능동적인 자발적 학습인이 되어야 한다.

III

교육 필요점 분석
(Needs Analysis)

1. 요구 분석 개념의 필요성

　최근의 기업 내 인적자원 개발은 경영환경 변화에 적극적으로 대응하여 기업의 이윤창출과 생산성 증대를 통한 효과적인 경영성과에 기여할 수 있도록 하는 기대가 요구되고 있다. 이러한 기대는 기업교육이 기업의 비전, 목표 등과 연계되어 경영성과에 직·간접적으로 기여하는 전략적 파트너로서 중요성이 강조되고 있는 것이다. 따라서 인적자원 개발에서도 기업의 경영성과에 기여할 수 있는 조직원의 역량 개발에 초점을 맞추어 어떻게 역량중심의 교육을 제공하는가에 관심이 집중되고 있다고 할 수 있다. 조직원의 요구 분석을 통하여 기업 내 인재육성 개발이 소비가 아닌 투자로서의 교육으로 각인되기 위해서 업무 생산성과 직결된 필요한 능력을 배양하고 갖추게 하여, 현업의 수행에서 보다 생산적인 활동의 뒷받침을 통한 기업가치와 업무생산성, 기업이윤을 극대화할 수 있도록 하여야 한다. 이를 위하여 교육 프로그램은 현업의 업무수행과 직접적으로 관련이 있는 것이어야 하며, 교육 후 경영성과에 어떠한 결과를 가져다 주었는지 규명해야 한다(Robinson & Robinson, 1991). 이처럼 경영성과에 전략적이고 성과중심의 교육 출발점은 교육요구 분석에 있다. 요구 분석을 통하여 교육이 필요한 부분을 밝힘으로써 불필요한 부분에 대한 투자를 줄일 수 있으며, 학습자와 교육 프로그램의 평가준거를 제공해주며, 명확하게 밝혀진 수행요구들은 규명된 수행상의 차이를 줄일 수 있는 교육해결점들을 정확하게 규명하는데 도움을 줄 수 있기 때문이다(Hannun & Hansen, 1989).

이렇듯 요구 분석은 교수체제의 설계와 개발의 초기 단계로서 필수적인 절차로 되어있으며, 교육 또는 훈련 프로그램을 위한 교수자료 개발을 위한 모든 체계적인 접근의 첫 단계가 되어야 하다(Burton & Merrill, 1991).

이러한 요구 분석을 통하여 얻을 수 있는 이점을 정리 해보면 다음과 같다.

첫째, 요구 분석을 통해 교육이 필요한 부분을 분명히 하여 불필요한 부분에 대한 투자의 낭비를 줄일 수 있다. 둘째, 교육적 요구가 명확히 밝혀짐으로써 교육을 받는 학습자와 교육 프로그램 자체의 평가준거를 세울 수 있다. 셋째, 명확하게 밝혀진 요구들은 규명된 수행상의 차이를 줄일 수 있는 교육해결점들을 정확하게 규명하는데 도움을 줄 수 있다. 넷째, 요구 분석을 통해 밝혀진 결과들은 설계나 개발단계에 소요되는 시간을 줄일 수 있다. 다섯째, 교육 대상자들을 명확히 함으로써 대상자가 실제로 필요로 하는 교육을 제공할 수 있다. 여섯째, 요구 분석을 근거로 개발된 교육 프로그램은 조직의 목표를 달성하게 하는데 기여한다. 일곱째, 요구 분석과정은 조직 구성원 개인과 조직이 일체감을 가질 수 있게 하고, 문제에 대해 공유할 수 있는 부분을 만들어 준다. 즉, 요구 분석과정은 조직의 요구뿐 아니라 개인적 요구도 또한 반영시킴으로써 교육의 질을 높일 수 있다.

여덟째, 조직 차원에서 주의 깊게 계획된 요구 분석과정은 가치 있는 유용한 정보를 제공해 준다. 수집된 자료들이 체계적으로 정리되고 분류됨으로써, 정보의 성격에 따라 조직운영에도 반영될 수 있다. 이는 조직이 안고 있는 문제를 해결하는데 직접적인 처방이 될 수 있으며 생산성을 극대화시킬 수 있는 첫 단계가 된다. 또한 요구 분석은 그 과정에 참여한 사람들 간의 대화의 끈을 강하게 하는 잠재적인 매개체 역할을 담당하기도 한다.

따라서 요구라는 개념이 요구 분석의 중심적 개념이며 요구를 어떻게 정의하느냐가 목표를 설정하는데 있어 결정적인 역할을 한다. 그리고 그것은 요구 분석의 범위에 영향을 미치기 마련이다.

2. 요구의 개념

　일반적으로 요구(Needs)란 개인이 느끼고 있는 결핍상태를 충족시키기 위한 희망사항이나 조건을 의미한다. 즉, 요구는 개인이 무엇인가 필요함을 느끼고 있는 결핍상태로서 필요의 개념을 내포하고 있는 것이다. 필요로 인하여 관심이나 흥미가 초래된 후, 결핍상태를 충족하기 위하여 충동과 욕망이 생기며 이것이 동인(動因)이나 동기로 발전된다. 요구는 이와 같은 필요로부터 흥미를 거쳐 욕망이나 동기로 발전되어 가는 모든 과정을 포함한다. 또한 요구는 가치판단과도 밀접한 관련을 맺고 있어 요구분석에 있어서도 요구는 가치관의 차이, 집단의 특수성과 상황, 문제해결을 위한 의사결정 등의 영향을 받게 된다.

　이처럼 요구란 절대적인 것이 아니며 도덕적 가치관 및 문화적 신념에 따라 다르다. 교육요구 분석을 위한 요구의 개념을 국제교육사전에서는 세 가지로 설명하고 있는데, 첫째, 가장 광범위하게 사용되는 요구의 정의는 카우프만(Kaufman)에 의해 소개된 불일치의 모델로서, 이는 요구를 현재의 결과와 바람직한 결과 사이의 차이라고 정의한다. 둘째, 요구는 선호하는 것과 원하는 것으로 보는 견해로서 요구를 차이적 견해라고 정의하고 참여한 집단의 다수에 의한 바람직한 변화로 설명하고 있다. 즉, 요구란 많은 사람들이 원하고 선호하는 것이다. 그리고 셋째, 요구의 정의는 앞서 서술한 결핍의 개념이다.

이와 같은 사전적 정의와 더불어 요구란 다음과 같은 세 가지 기본 요소를 갖고 있는데 첫째, 공유된 목적(Goal)으로 구성된다. 즉, 관련된 목적을 지향한 일련의 행동으로서, 주어진 상황에서 나타날 가능성 있는 강한 잠재성이 있는 행동이며, 둘째, 개인이 가치 있다고 보는 특정행동이 성과에 이를 수 있는 기대로 구성되며 셋째, 목적 그 자체에 결부된 가치로, 개인이 다른 것보다 더 만족을 느끼는 정도를 말한다. 즉, 요구의 가치란 능력, 적합성 그리고 동기를 포함하는 것이다. 이상에서 볼 수 있듯이 요구는 인간의 생리적, 심리적, 사회적인 목표나 기대에 도달하지 못했거나 결핍된 상태에서 그것을 충족시키려는 내적/외적 동기화 작용을 하는 역동성과 다면성을 가진 심리기제라 할 수 있다.

한편 기업교육에서 많이 사용되고 있는 요구에 대한 정의는 불일치의 관점이다. 즉, 기업교육에서의 요구는 현재의 업무수행과 기대되는 업무수행 사이의 불일치로서 개인이 업무를 정확하게 수행하기 위해 필요한 기술, 지식, 태도 등의 부족을 말한다. 따라서 요구에는 현재의 상태와 현재의 바람직한 상태와의 차이로 인한 현재문제해결형 요구와 현재가 최적의 상태임에도 불구하고 미래를 준비하기 위하여 필요로 하는 미래창조형 요구로 구분하여 볼 수 있다([그림 4, 5]).

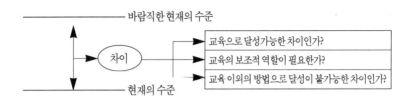

[그림 4] 현재 문제형 요구

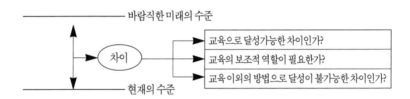

[그림 5] 미래 창조형 요구

요약하면 기업교육에서의 요구는 반드시 원하는 것과는 구별되는, 현재 상태와 바람직한 상태의 차이라고 할 수 있으며, 이 차이는 바람직한 상태를 지향하는 차이라고 할 수 있다. 기업교육이 조직의 직무향상과 개인의 성장 가능성을 증대시키기 위한 것이라면, 교육요구도 반드시 기업의 궁극적인 목표와 비전에 맥을 같이하는 결과지향적 요구이어야 한다. 결과지향적 요구는 현재 상태와 바람직한 상태이며, 이 차이는 바람직한 상태를 지향하는 차이이다.

3. 교육요구 분석

일반적으로 요구 분석은 현재의 산출과 기대되는 바람직한 산출 간격의 차이를 결정한 후 그런 차이를 우선 순위에 따라 위계를 결정해 나가는 과정으로 볼 수 있는 것이다. 이러한 교육요구 분석은 전통적인 체제적 교수설계(Instructional Systems Development : ISD)에 의한 접근과 수행공학(Human Performance Technology : HPT)적 접근방법으로 교육요구 분석을 나눌 수 있다.

전자는 교육 필요점을 파악하는 전통적인 방법으로, 학습자의 지식, 기능, 태도상의 요구를 파악하는데 초점을 둔다. 후자는 수행의 원인 및 수준을 파악하는 것으로, 직무, 책무, 과제와 연계하거나 성과, 역량, 기능과 연계하는 것에 초점이 맞추어져 있다고 볼 수 있다.

(1) 전통적 교육요구 분석(Needs Analysis in ISD 모델)

기업교육의 전문성은 초창기 기업교육의 문제점을 극복하기 위해 시도된 ISD(Instruction Systems Design & Development)모델 적용으로부터 시작되었다. ISD는 성공적인 학습활동을 위해서 교육체제의 구성요소들 (강사, 교육대상자, 학습내용, 교수방법 및 매체, 학습환경)이 유기적으로 결합되어 효과적인 수업을 개발하는 체계적인 접근방법이라 할 수 있다. 이와 같은 점에서 ISD모델의 특징은 첫째, 체제적 : 전체 교수요소체제들의 상호의존성을 인식하여 과정이 구성되며 둘째, 체계적 : 단계들이 주의 깊게 처방되고 논리적 순서에 따르며 셋째, 효과성 : 학습자의 학습목표 성취가능성을 높이며 넷째, 효율성 : 적은 비용과 시간으로 학습목표 달성이 가능하며 다섯째, 매력성 : 학습장의 흥미를 높일 수 있으며 여섯째, 관련성 : 획득해야 되는 필수적 지식과 기능을 획득하도록 하며 일곱째, 일관성 : 학습목표 및 교수방법, 평가가 상호 유기적인 관련성을 맺고 전개되도록 하는데 있다(Molenda, Pershing, Peigeluth, 1996).

이와 같은 특징에서처럼 ISD란 인간의 교육과 학습의 문제를 해결하기 위해서 체계적이고 체제적인 분석, 설계, 개발, 실행 및 평가의 과정을 통하여 교육훈련 프로그램을 개발하는 것이며, ISD의 주요 과정들은 분석 (Analysis), 설계(Design), 개발(Development), 실행(Implementation), 평가(Evaluation)로 이루어지기 때문에 ISD의 기본 모형은 이들 단계의 첫 글자를 따서 ADDIE모형이라 불리어진다.

ISD모델에 대한 주요 내용은 다음과 같이 다양한 방법으로 구분하여 설명될 수 있다.

① ISD모델의 전형으로서의 ADDIE모형

ADDIE모형([표 16], [그림 6])은 분석(Analysis), 설계(Design), 개발(Development), 실행(Implementation), 평가(Evaluation)의 첫 글자를 의미한다. 각각 항목에 대한 주요 요인은 다음과 같이 나타낼 수 있다.

첫째, 분석(Analysis)의 주요 내용으로는 요구 분석, 학습자 분석, 환경 분석, 직무 및 과제 분석이다.

[표 16] ADDIE모형

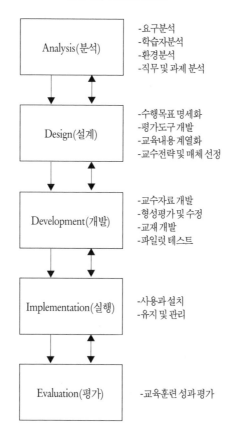

Analysis(분석)
- 요구분석
- 학습자분석
- 환경분석
- 직무 및 과제 분석

Design(설계)
- 수행목표 명세화
- 평가도구 개발
- 교육내용 계열화
- 교수전략 및 매체 선정

Development(개발)
- 교수자료 개발
- 형성평가 및 수정
- 교재 개발
- 파일럿 테스트

Implementation(실행)
- 사용과 설치
- 유지 및 관리

Evaluation(평가)
- 교육훈련 성과평가

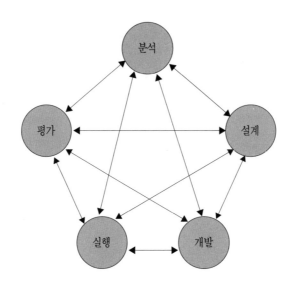

[그림 6] ADDIE모형의 관계성

둘째, 설계(Design)의 주요 내용으로는 수행목표 명세화, 평가도구 개발, 교육내용 계열화, 교수전략 및 매체 선정이 주요 내용이다.

셋째, 개발(Development)의 주요 내용으로는 교수자료 개발, 형성평가 및 수정, 교재 개발, 파일럿 테스트 등이 있다.

넷째, 실행(Implementation)의 주요 내용으로는 사용 및 설치, 유지/관리 등이 있다.

다섯째 : 평가(Evaluation)의 주요 항목으로는 교육훈련 성과 평가가 있다.

이처럼 ADDIE에서와 같이 각 항목별 특성에 맞게 ISD모델을 적용하여 교육요구 분석을 일반적으로 실행하고 있으며, 각각의 항목이 독자적인 구별에 의한 요구 분석이 아닌 상호 관련성을 포함하여 교육요구 분석을 실행한다.

② ISD모델의 각 단계별 산출물

ADDIE모형에 대한 각 단계별 주요 내용에 대하여 역할(기능), 세부단계, 산출물에 대한 내용은 다음과 같이 나타낼 수 있다([표 17]).

[표 17] ISD모델의 각 단계별 Output

ISD과정	역할(기능)	세부단계	산출물(Output)
Analysis (분석)	학습내용(What)을 정의 하는 과정	-요구 -교육대상자 -환경 -직무 및 과제 분석	-요구수준 -교육목적 -제한점 -학습과제
Design (설계)	교수방법을 구체화 하는 과정	-학습목표진술 -교육내용 계열화 -교수전략 및 매체성	-학습목표 -설계명세서
Development (개발)	교수자료를 만들어 내는 과정	-교수자료 개발 -형성평가 및 수정 -교재 개발 -파일럿 테스트	-완성된 Program
Implementation (실행)	프로그램을 모의상황 및 실제의 상황에서 실시하는 과정	-Program 수정/보완 -Program 실행 -Program 유지/관리	-실행된 Program
Evaluation (평가)	프로그램의 적절성을 결정하는 과정	-총괄평가	-Program 평가보고서

(2) 역량중심의 교육요구 분석(Need Analysis in HPT)

기업교육이 경영성과에 직접적인 영향을 줄 수 있기 위해서는 경영 전반에 관한 이해를 통하여 경영과 교육의 관련성을 총체적인 관점에서 볼 수 있는 수행공학(Human Performance Technology : HPT)의 개념의 필요성이 강조되게 되었다(나일주, 1994).

수행(Performance)이란 인간행동의 결과라 할 수 있으며, HPT는 인간이나 조직의 행동이 그 작업환경에서 추구되는 가치를 경제적이고 효율적으로 수행하는데 그 목적을 두고 있다고 할 수 있다. HPT의 속성은 다음과 같이 정리할 수 있다(Geis, 1986 : Stolovich, 1992를 윤여순, 1993에서 재인용).

첫째, HPT는 체계적인 방법을 사용하여 조직적이고 측정, 관측이 가능한 방법으로 문제를 분석하고 해결책을 찾으려 한다.

둘째, HPT는 문제의 근원을 밀접한 여러 체제 속에서의(예를 들면, 교육/훈련, 피드백, 자원, 경영지원, 보상 등) 상관관계 가운데에서 찾아내고 해결하려는 체제적 접근을 한다

셋째, HPT는 과학적이며 경험적인 근거를 토대로 궁극적인 목적에 가치 있는 결과를 가져다 줄 수 있는 방법이나 해결책을 추구한다.

넷째, HPT는 개인과 그 개인이 속해 있는 조직이 추구하는 가치를 충족시킬 수 있는 결과적인 업적을 강조한다.

이와 같은 HPT의 속성에 대한 정의를 근간으로 HPT에 대한 개념의 특징을 정리하면 크게 세 가지 관점인 총체적 관점, 결과지향적 관점, 다양한 해결책의 추구라 할 수 있다.

ⓐ 총체적 관점은 조직의 가치추구를 위하여 절대로 단편적인 해결책을 추구하지 않고 문제발생의 근원을 하부 조직에서부터 끌어내 좀 더 넓은 상황적 맥락에서 해결하고자 하는 것이다.

ⓑ 결과지향적 관점은 조직의 존재목적이나 추구하는 목표가 명확히 정

의되는 사업이나 산업분야 같은 조직에서 사회적 조직에서 더 많이 적용되고 있다.

ⓒ 다양한 해결책의 추구는 경영이나 업무수행시의 문제해결을 위한 처방적 차원이 아니라 궁극적으로 추구하는 목적에 맞는 다양한 방법을 모색하는 것이다.

따라서 HPT개념의 도입으로 교육의 목표를 현업의 문제해결에 최대의 경영결과를 수행해 낼 수 있는 다양한 해결책의 추구로 관심을 전환한 많은 HRD 담당자들은 최근에 기업에서 요구되는 인적자원의 핵심역량을 높이는데 초점을 맞추고 있다(윤여순, 1997). 여기서 핵심역량은 직종이나 직책 또는 비즈니스 성격에 따라 다양하게 구성되어 질 수 있으며 그 유형에 따라 직무역량모델(Job Specific Competency Model), 우수수행자모델(High Performer Model), 핵심역량모델(Core Competency Model), 프로세스역량모델(Process Competency Model) 등 다양한 역량모델을 개발할 수 있다고 할 수 있다(Linkage, 1996).

HRD에서의 직무역량모델은 업무수행에 필요한 역량과 그 수준을 제시해주므로 교육요구 분석이나 교육과정, 교육체계 개발의 근거로 삼을 수 있다.

이러한 직무역량모델을 교육요구 분석에 사용한 대표적인 예는 모토로라에서 찾을 수 있는데, 모토로라에서는 특정한 직무를 탁월한 업무수행자들의 동의를 얻어 업무와 과제로서 정의하여 분석하는 DACUM(Developing a Curriculum) 기법을 1988년 이후부터 사용하고 있다. 이 기법은 명확한 직무 분석을 기반으로 과학적이고 체계적인 방법으로 교육요구를 분석하여 누구나 정확하고 손쉽게 이용할 수 있도록 하여 교육과정 개발 및 체계 개발에 대한 신속성과 효과를 높여 주었다.

그러나 1992년부터 포괄적 의미의 업무수행 체계 안에서 시기 적절한 학습지원책을 제공해야 된다는 인식에 따라 역량중심의 커리큘럼(Competency-Based Curriculum : CBC)기법을 개발하게 되었다. DACUM기법으로 대표되던 전통적 교육요구 분석과 CBC기법으로 대표되는 역량중심의 교육요구 분석의 차이점은 [그림 7]에서와 같이 알아볼 수 있다.

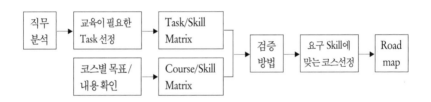

체제적 접근의 DACUM 기법

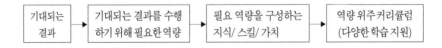

역량 중심의 CBC 기법

출처: 윤여순(1997), 《기업교육과 역량중심 교육과정》

[그림 7] 체제적 접근 기법과 역량 중심 기법의 비교

CBC기법의 가장 기본적인 관점은 특정 업무를 수행할 때 그 기능을 수행함으로써 달성해야 되는 성과나 산출물 혹은 그 기대되는 비즈니스 결과로부터 시작된다는 점이다. 기대되는 결과가 확인되면 그 결과를 수행하기 위해 필요한 역량이 추출되며, 그 필요역량을 구성하는 지식, 스킬,

가치 등을 규명하게 된다. 이에 따라 요구되는 지식, 스킬(Skill), 가치 등을 교육시키고 지원해 줄 다양한 형태의 학습지원책으로 구성되는 역량중심의 커리큘럼을 개발하게 되는 것이다. DACUM기법과 CBC기법으로 대표되는 두 접근방법의 차이는 [표 18]과 같다.

[표 18] 체제적 접근과 역량중심 요구 분석의 차이

구분	종래의 ISD모델 적용	역량 위주 수행체제모델 적용
목적	개인의 지식/스킬 개발	비즈니스성과 증대
요구	필요한 지식/스킬 충족	수행 성과 증대
해결책	교육과정/체계 개발	다양한 학습지원책 개발
평가기준	직무수행의 충실도	조직 차원의 효율성 제고

출처 : 윤여순(1997), 《기업교육과 역량중심 교육과정》

DACUM 같은 종래의 ISD모델 적용체계에서는 개인의 직무수행에 필요한 지식/스킬 개발에 목적을 두고, 요구되는 교육과정이나 교육체계를 개발함으로써 단편적이고 단기적인 시도를 한다고 할 수 있다. 그러나 CBC 같은 역량중심의 수행체제모델을 적용할 때는 조직 차원의 경영성과 증대를 목적으로, 개인이나 조직이 최고 수준의 성과를 달성하기 위한 모든 형태의 학습지원책을 개발하는 장기적이고 포괄적인 시도를 한다.

이와 같이 CBC방식을 적용함에 따라 발생되는 이점은 다음과 같다

첫째, 지향하는 경영성과를 우선적으로 파악하여, 이 방식으로 도출해 낸 여하의 경영성과를 내기 위한 바탕이 된다는 것이다. 즉, 이 과정을 통해 도출해 낸 핵심역량이나 교육요구는 경영성과와 직접 연관된 것이며,

직무나 직능 자체의 상호 공통적인 성과를 내기 위해 유기적으로 서로 연관됨을 전제로 하는 시스템적 접근방법을 근거로 하므로 미래의 변화나 요구까지 수용하는 보다 정확한 직무 분석과 직무기술성의 도출이 가능하다.

둘째, HRD 부서에서 보면 CBC 과정을 통하여 무엇보다도 비즈니스가 요구하는 정확한 교육요구를 파악할 수 있다는 것이다.

셋째, CBC 과정에서 도출된 여러 가지 자료들은 조직 구성원들의 경력개발을 위한 도구로 활용이 가능하다는 것이다(조미진, 1995).

4. 역량모델 방법

(1) 역량과 역량모델

1) 역량의 개념과 의의

역량(competency)의 개념에 대한 논의와 연구는 여러 학문 영역의 학자들과 실무 담당자(practitioner)들에 의하여 활발히 논의되어 왔다. 가장 잘 알려진 기원은 평균 수행자로부터 우수한 수행자를 구별하는 행동에 중점을 둔 1970년대 초 데이브 맥클랜드(Dave McClelland)의 연구이다 (Linkage, 1997). 이는 당시 해외 공보요원 선발에 있어서 종래의 지적능력(IQ) 중심의 선발이 업무성과 예측과 문화적 편향성에 문제가 발생함에 따라 그에 대한 대안으로 연구되기 시작했다(민병모 외 역, 1998). 이후

역량에 대해서는 그간 약 30년에 걸쳐 다양한 시각의 논의가 진행되어 왔으나, 최근 민간기업에서는 경영전략과의 접목, 측정 및 평가의 용의성, 빠른 경쟁환경의 적합성 등으로 역량에 대한 개념이 비교적 활발하게 적용되고 있다(송영수, 2000).

Mirabile(1997)은 역량을 '개인이 갖는 내적 특성으로 여러 가지 상황에서 비교적 장시간 지속되는 사고 및 행동방식'으로 정의하였다. 또한 '기업환경에서 인적자원 전문가들 사이에 광범위하게 받아들여지는 정의는 업무에서 효과적이고 우수한 성과를 산출하는 개인의 잠재적인 특성이다(Klemp, 1980)'. 또는 '개인이 수행하는 업무의 주요한 부분들에 영향을 주고, 업무성과와 관련성이 높고, 교육훈련과 개발을 통하여 개선될 수 있는 지식과 기술, 태도의 집합체'라고 정의하고 있다(Parry, 1996 ; 민병모, 2001 재인용).

다른 한편으로 1995년에는 요하네스버그에서 열린 역량을 주제로 한 회의에 참석한 수백 명의 인적자원 전문가들의 의견을 종합하여 보다 상세한 하나의 정의가 만들어졌는데 여기에서 '역량이란 개인이 수행하는 업무의 주요 부분들에 영향을 주고, 업무성과와 관련성이 높고, 조직에서 널리 받아들여지는 성과기준에 대비하여 측정할 수 있으며, 교육훈련과 개발을 통하여 개선될 수 있는 지식과 기술, 태도의 집합체'라고 정의하였다(Parry, 1996). 그리고 또 다른 학자는 '역량이란 특정 역할을 성공적으로 수행하는 데 결정적인 역할을 주는 지식, 기능, 가치, 태도로 개인이 바람직한 성과나 목표를 달성하기 위해 알아야 하는 것과 할 수 있어야 하는 것을 포함하는 능력이며 역량의 구성요소이다'라고 정의하고 있다(Corbin, 1993).

이처럼 역량을 분류하는 기준은 다양하다. 그러나 일반적으로 역량이라고 하면 크게 조직차원의 역량과 개인차원의 역량으로 구분할 수 있다(이

선구, 1998 / 송영수, 2000).

첫째, 조직차원의 역량으로 이는 일반적으로 핵심역량(core competency)이란 용어로 통용되는 것으로, 런던 비즈니스스쿨의 G. Hamel 교수와 미시건 대학 비즈니스스쿨의 C. K. Prahalad 교수에 의해서 주창된 개념이다(이선구, 1998 / Schippmann et al, 2000). Hamel 교수와 Prahalad 교수(1990)는 '핵심역량이란 특정 제품이나 기술이 아니라 기업 저변에 넓게 자리잡고 있는 무형자산이며, 다른 기업들이 단기간에 쉽게 모방할 수 없는 능력으로서, 여러 경쟁력 있는 제품이나 기술, 또는 서비스를 만들어 낼 수 있는 원천능력'이라 정의했다. 즉, '핵심역량이란 다른 조직과 차별화 되는 최고의 수행(Best Practice)이라든가, 벤치마킹(Benchmarking)을 해야 할 정도로 우수한 성과를 내는 특이한 조직의 능력이나 독자성, 강점, 특기 등'이라고 볼 수 있는 개념이다(송영수, 2000 / 김세용, 2002).

둘째, 개인차원에서의 역량으로 이는 역량중심의 인적자원(Competency-Based HR)시스템과 연계한 역량모델 개발을 위한 영역이다. 여기서 '역량이란 특정 직무나 역할을 만족스러운 수준으로 수행할 수 있는 능력(Paddock, Lloyd & Miller, 1979), 개인의 내적인 특성으로, 다양한 상황에서 일반적으로 나타나고 비교적 장시간 지속되는 행동 및 사고방식(Guion, 1991 / 김세용, 2002 재인용), 최소한도로 효율적이고 동시에 결과에서 효과적인 개인에게 일관되게 보여진 행동(Herling, 2000)'이라 정의하기도 한다. 또한 Boyatzic(1982)는 '직무에서 효과적이고 탁월한 수행의 원인이 되는 개인의 내적인 특성(윤여순, 1997 재인용)'을, Schippmann et al(2000)은 '특정 과업이나 활동에서의 성공적인 수행, 또는 특정한 지식이나 기술에서의 적절한 지식'을 역량이라 하였으며, Spencer &

Spencer(1993)는 '역량이란 특정한 상황이나 직무 중에서 준거(criterion)에 따르는 효과적이고 우수한 수행의 원인이 되는 내적인 특성(민병모 외 역, 1998)'이라고 정의한 바 있다. 이를 종합하여 송영수(2000)는 한 마디로 '우수한 인재에 대한 벤치마킹이라 하면서 우수한 성과를 내고 있는 수행자가 보통 이하 수준의 사람들과 차별되는 공통된 특성'으로 정의했다.

　이상에서 살펴본 조직차원, 그리고 개인차원에서의 역량에 대한 개념정의를 요약하면 [표 19]와 같다.

[표 19] 역량의 정의

구분		정의
조직 차원	Hamel & Prahalad (1990)	타 기업들이 단기간에 쉽게 모방할 수 없는 여러 경쟁력 있는 제품이나 기술, 서비스를 만들어 낼 수 있는 원천 능력
	송영수(2000)	다른 조직과 차별화 되는 Best Practice, 혹은 벤치마킹해야 할 정도로 우수한 성과를 내는 특이한 조직의 능력, 독자성, 강점, 특기
개인 차원	Paddock, Lloyd & Miller(1979)	특정한 직무나 역할을 만족스러운 수준으로 수행할 수 있는 능력
	Klemp(1980)	효과적이고 탁월한 수행을 가져오는 개인의 내적인 특성
	Boyatzic(1982)	직무에서 효과적이고 탁월한 수행의 원인이 되는 개인의 내적인 특성
	Cuion(1991)	개인의 내적인 특성으로서 다양한 상황 하에서 일반적으로 나타나면서 비교적 장시간 지속되는 행동 및 사고 방식
	Spencer & Spencer (1993)	특정한 상황이나 직무 중에 준거에 따르는 효과적이고 우수한 수행의 원인이 내는 내적인 특성
	Lucia & Lepsinger (1999)	업무에서 효과적이거나 우수한 성과를 산출하는 개인의 잠재적인 특성
	Herling(2000)	최소한도로 효율적이고 동시에 결과에서 효과적인 개인에의 일관되게 보여준 행동

| 개인
차원 | Schippmann et al
(2000) | 특정 과업이나 활동에서의 성공적 수행, 또는 특정한 지식이
나 기술에서의 적절한 지식 |
| | 송영수(2000) | 우수한 성과를 내고 있는 수행자가 보통 이하 수준의 사람들
과 차별화되는 공통된 특성 |

출처 : 김세용(2002),《군 초급 리더 육성을 위한 역량모델 구축》

역량에 대한 보다 심도 있는 이해를 위해서 [표 19]에 제시된 역량의 개념 중 Spencer & Spencer(1993)는 역량은 특정한 상황이나 직무에서 준거에 따른 효과적이고 우수한 수행의 원인이 되는 개인적 내적인 특성이라고 정의하고 있다. 여기서 내적인 특성이란 다양한 상황에서 개인의 행동을 예측할 수 있도록 해주는 개인 성격의 심층적인 측면을 말한다. 원인이 된다는 것은 역량이 행동이나 수행의 원인이며, 따라서 행동과 수행을 예측할 수 있다는 의미이다. 준거에 따른다는 것은 역량이 어떤 사람의 우수성이나 무능력을 구체적인 준거나 기준에 의해 예측할 수 있다는 의미이다.

역량의 세 가지 특징 즉, 내재적 특성, 인과관계, 준거 참조를 구체적으로 살펴보면 다음과 같다.

첫째, 내재적 특성(Underlying Characteristics)

역량은 개인의 내재적 특성으로서 다양한 상황에서 일반적으로 나타나는 비교적 장시간 지속되는 행동 및 사고방식을 의미하며, 역량은 동기(Motives), 특질(Traits), 자기개념(Self-concept), 지식(Knowledge), 기술(Skill) 등의 5가지 요소를 포함한다(Guion, 1991 / Spencer & Spencer, 1993).

ⓐ 동기(Motives) : 개인이 일괄되게 마음에 품고 있거나 원하는 어떤 것으로 행동의 원인이 된다. 동기는 특정한 행위나 목표를 향해 행동을 촉발시키고, 방향을 제시하며, 선택하도록 작용한다. 예를 들어 성취

동기가 강한 사람들은 스스로 목표를 설정하고 목표 달성에 책임을 지며 더 잘하기 위해 노력한다.

ⓑ 특질(Traits) : 신체적 특성, 상황 또는 정보에 대한 일관성 있는 반응을 의미한다. 감정적인 자기통제와 주도성은 다소 복잡한 형태의 일관적 반응이라 할 수 있다. 스트레스 상황에서 문제를 해결할 때 요구수준 이상으로 침착하게 행동하는 사람이 있다. 이러한 역량은 성공한 관리자의 특징에 포함된다. 예를 들어 신속한 반응이나 좋은 시력은 조종사들에게 필요한 신체적 특질이다.

ⓒ 자기개념(Self-concept) : 개인의 태도, 가치관, 또는 자기상(Self-image)을 의미한다. 어떤 상황에서도 잘 해낼 수 있다는 자신감이 여기에 속한다. 또한 가치관은 주어진 상황에서 단기적으로 나타내는 반응적 행동에 영향을 주는 요소이다. 예를 들어 리더가 되는 것에 가치를 두는 사람은 리더십 테스트 장면에서 적극적으로 리더의 행동을 나타내려 할 것이다.

ⓓ 지식(Knowledge) : 특정분야에 가지고 있는 정보를 의미한다. 지식은 복잡한 속성을 가진 역량이다. 인체의 신경과 근육에 대한 외과의사가 지닌 지식 등이 이에 속한다. 그러나 지식을 측정하는 시험만으로 장래의 수행을 예측하기 어렵다. 이는 실제 업무상황에서 지식이 활용되는 방식을 반영할 수 없기 때문이다. 여기서 중요한 것은 정보를 발견하는 능력이며, 문제해결의 열쇠를 어디서, 어떻게 얻어야 할지를 아는 것이 중요하다.

ⓔ 기술(Skill) : 특정한 신체적, 정신적 과제를 수행할 수 있는 능력을 의미하는 것으로, 정신적 또는 인지적 기술은 분석적 사고(지식과 데이터를 처리하고, 인과관계를 규명하며, 데이터 및 계획을 조직화하는 능력)와 개념적 사고(복잡한 데이터의 패턴을 인식할 수 있는 능력)를 포함한다.

앞에 설명한 역량의 내재적 특성을 도식화하면 [그림 8]과 같이 지식과 기술은 비교적 가시적이며 표면적인 특징으로 개발하기가 비교적 쉽다. 따라서 교육훈련이 능력 확보를 위한 바람직한 방법이다. 그러나 자아개념, 특질 및 동기는 중심부에 위치하여 잘 드러나지 않는 부분으로 개발하기는 어려우므로 동기와 특질 부분을 고려하여 그런 사람을 선발하는 것이 오히려 효과적이다.

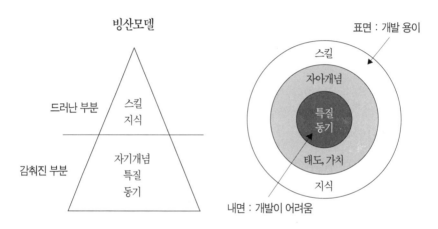

출처 : 민병모 외 역(1998), 《핵심역량모델의 개발과 활용》, Spencer & Spencer(1993), 《Competency at work》

[그림 8] 역량구조의 내면과 표면

자기개념은 중간 정도의 높이에 위치한다. 자신감과 같은 태도와 가치관은 다소 시간이 걸리고 어렵긴 하지만, 훈련이나 심리치료 등을 통해 변호될 수 있다. 많은 조직은 표면적인 지식과 기술을 근거로 사람을 선발한다. 즉, 일류대 인기학과 등을 근거로 삼는 경향이 많다. 동기나 특질을 지니고 있다고 가정하고, 관리만 잘하면 된다고 생각한다. 그러나 실제로는 그 반대가 효과적일 것이다. 즉, 중심에 있는 동기와 특질을 기준으로 선발한 다음,

업무수행에 필요한 지식과 기술을 가르치는 것이다. 복잡하고 어려운 업무
일수록 단순한 기술이나 지능보다 직무역량이, 우수한 업무성취를 예측하
는데 중요하다. 우수한 업무수행자를 가름하는 요인은 동기, 대인관계, 정치
적 기술 등과 같은 직무역량인 것이다. 이렇게 볼 때 역량연구야말로 가장
효과적인 충원방안이며 인재육성을 위한 중요한 요인이라 할 수 있다.

2) 인과관계(Causal Relationship)

동기(motives), 특질(traits), 자아개념(self - concept)을 통해 기술(skill)
적인 행동을 예측할 수 있고, 이러한 기술적 행동은 업무성과로 이어진다.
이런 관계를 표현한 인과관계모델을 제시하면 다음 [그림 9]와 같다.

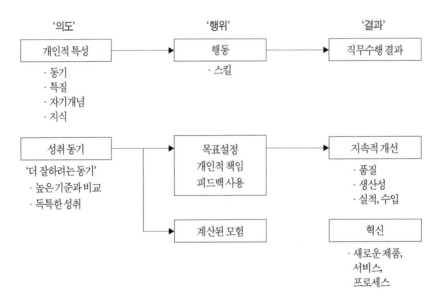

출처 : 민병모 외 역(1998), 《핵심역량모델의 개발과 활용》, Spencer & Spencer(1993), 《Competency at work》

[그림 9] 역량의 인과관계 모델(Competency Causal Flow Model)

[그림 9]에서 보는 바와 같이 역량에는 항상 의도가 포함된다. 의도는 특정 결과를 지향하는 행동을 유발하는 동기나 특질이다. 의도를 무시하고는 어떤 행동에서 역량을 도출할 수 없다. 또한 행동에는 생각이 포함된다. 생각이 행동보다 앞선다면, 생각을 통해 행동을 예측할 수 있다. 이를테면 동기(어떤 일을 더 잘 해보려는 생각), 기획, 문제해결이 그 예가 된다. 인과 관계모델에 따르면, 성취동기가 높은 사람을 선발하지 않고, 성취동기를 개발하지도 않은 상태에서 매출증가나 생산성, 품질개선, 신상품의 개발을 기대하기는 어렵다는 것이다.

3) 준거참조(Criterion Reference)

준거참조는 역량정의의 핵심적인 요소로서, 어떤 특성이 현실적으로 의미 있는 어떤 것을 예측하지 못한다면 그것은 역량이라 할 수 없다. 따라서 '준거에 따른다(Criterion-referenced)'라는 말은 역량이 어떤 사람의 우수성이나 무능력을 구체적 준거나 기준에 의해 예측한다는 뜻이다.

역량연구에서 이용되는 준거는 다음과 같다.

첫째, 우수한 수행(Superior Performance) : 통계적으로 우수한 업무수행은 평균보다 1 표준편차 높은 수준을 말한다. 통상 열명 중 가장 우수한 한명이 여기에 해당한다.

둘째, 효과적 수행(Effective Performance) : 최저합격수준으로 이 수준보다 낮을 경우 업무수행에 필요한 역량을 갖추었다고 보기 어렵다.

우수한 업무수행을 정의하기 위해 1 표준 편차를 적용하는 이유는 두 가지가 있다.

ⓐ 대부분의 관련연구에서 1 표준편차 수준을 이용하여 업무수행의

경제적 가치를 따져왔다.

ⓑ 업무성과를 향상시키려면 우수한 업무수행자의 특성을 모델로 삼아 사람을 선발하고 개발해야함을 시사한다. 이렇게 하지 않으면 보통 수준의 업무 성과에 만족할 수밖에 없다.

4) 역량의 범주(Categorizing Competencies)

역량은 그것이 예측하고자 하는 직무수행의 준거에 따라 한계역량과 차이역량으로 구분된다.

첫째, 한계역량(Threshold Competencies) : 직무수행자가 최소한 갖추어야 하는 필수적인 능력으로서, 이것만으로는 우수한 업무수행자와 평범한 업무수행자를 구별할 수 없다.

둘째, 차이역량(Differentiating Competencies) : 우수한 업무수행자와 평범한 업무수행자의 구분을 가능하게 하는 역량이다

앞의 모든 내용을 요약하면, 역량이란 우수한 업무수행자가 보이는 고유하고 독특한 행동으로 지식, 기술, 가치, 기타 개인적 특성들이 직무수행에서 통합되어 행동으로 발휘된 것이다. 그리고 이러한 역량을 특정한 기준에 의해 설정하여 효과적으로 정의하면 다음의 6가지 특성을 지닌다 (Carroll & McCrackin, 1998).

ⓐ 효과적으로 정의된 역량은 조직의 비전, 사명, 전략, 목적을 지원하는 성공기준이며, 해당조직의 고객기반을 확대하고 부가가치를 창출하는데 초점을 맞추기 때문에 조직의 전략적 방향을 구성원의 행동과 연결한다.

ⓑ 역량은 해당조직의 중요한 가치 및 원리를 지원하는 행동에 대해 명료하게 표현한다.

ⓒ 역량은 직능이나 조직의 경계를 초월하여 조직에서 공유하는 탁월성에 대한 기준을 설정하게 해준다.

ⓓ 역량은 수행에 대한 지속적인 피드백을 제공하고 훈련이나 개발을 위한 역량을 제공한다.

ⓔ 역량은 필요성이 부각되고 있거나 중요성이 감소되고 있는 능력을 구명(究明)함으로써 조직의 변화를 지원할 수 있다.

ⓕ 지속적으로 학습하는 문화의 개발을 가속화할 수 있다.

(2) 역량모델링(Competency Modeling)

1) 역량모델링의 개요

역량모델링이란 조직의 목적을 달성하기 위해 특정 직무 혹은 직무군에 결정적인 영향을 주는 역량을 체계적으로 결정하고 정의하는 과정이다. 또한 기대하는 결과를 얻거나 성과를 극대화하기 위해 필요한 역량을 체계적으로 추출하고 결정하며, 쓰임에 따라 지식, 기술, 태도, 지적전략을 포함하는 역량모델을 정의하고 만드는 활동이다(McLagan, 1990).

역량모델링은 특정한 역할을 성공적으로 수행하는데 있어 매우 중요한 역량을 규명하는 과정이다. 역량모델링의 산출물인 역량모델은 조직에서 하나의 역할을 효과적으로 수행하기 위하여 필요한 지식, 기술, 특성의 특별한 조합(combination)을 의미하며, 선발, 훈련/개발, 보상, 승계계획을 위한 인적자원시스템의 도구로서 사용된다(Lucia & Lepsinger, 1999).

역량모델은 그 목적에 따라 개발과 활용범위가 다양하게 정해질 수 있는데, 예를 들어 역량모델은 조직에서 직위나 역할에 상관없이 모든 조직 구성원에게 적절하고 필요한 핵심역량을 정의하며, 또 다른 역량모델은 조직 단위(팀, 부서)에서 직위나 직무를 효과적으로 수행하는데 필요한 역량들을 정확하게 지적한다(Lucia & Lepsinger, 1999). 따라서 만일 역량모델을 효과적으로 활용하기 위해서는 조직의 요구와 목표, 그리고 이에 따른 특정한 업무나 역할을 염두에 두고 개발해야 한다.

2) 역량모델링(Competency Modeling) 방법

그동안 역량모델을 개발하기 위해 다양한 방법들이 제시되어 왔지만, 효과적인 방법들은 공통의 특성을 가지고 있었다. 즉, 효과적인 방법들은 우수한 성과에 필요한 요소가 무엇인가를 결정하고, 우수 성과자를 파악하며, 그들이 수행하는 일을 알아내는 맥클랜드(McClelland)의 방법을 따르고 있다. 맥클랜드의 방법에 따른 역량모델 개발방법은 [표 20]과 같다.

이는 첫째, 사람의 역할에 대한 선입견이 없이 고성과자에 초점을 맞추고 있으며 둘째, 그들이 무엇을 하는지에 주의를 기울인다.

[표 20] 역량모델 개발 방법

구분	내용
직무능력 평가 방법 (Job Competence Assessment Method)	중요 사건들(critical incidents)에서 우수한 성과자와 보통 성과자를 구별하는 역량을 결정하기 위해 인터뷰와 관찰을 사용한다. 이는 특히 보통 직무성과와 탁월한 직무성과를 구분해주는 핵심적인 직무역량을 파악하는데 도움이 된다.
수정 직무능력 평가 방법 (Modified Job Competence Assessment Method)	역시 행동적인 차이점을 파악하지만, 경비를 줄이기 위해 피 면접자가 중요사건을 직접 기술한다.

일반모델 활용법 (Generic Model Overlay Method)	조직이 특정한 역할이나 기능을 위해 이미 만들어진 일반 역량 모델을 구입하여, 그것을 조직의 직무에 대응시키는 방법이다.
일반모델 맞춤법 (Customized Generic Model Method)	조직 내의 고성과자와 평균적 성과자의 특성을 모두 포함하고 있는 일반적 역량군들을 먼저 파악한 다음, 그것을 조직과 직무차원에서 재조명하여 고성과자가 갖고 있는 특정 역량을 추출해 내는 방법이다.
미래 직무 모델법 (Flexible Job Competence Model Method)	매우 다양한 채널로 모델의 기초 정보를 수집하여 미래의 조직과 직무를 예측하고, 이러한 예측을 모델 개발에 활용하는 것이 다른 방법과 다른 큰 특징이다.
시스템법 (The System Method)	우수한 성과자가 현재 업무에서 실행하고 있는 행동이나 업무 전반에서 실행하는 행동뿐 아니라 미래에 가장 중요하다고 생각되는 행동도 반영한다.
가속 역량법 (The Accelerated Competency System Method)	조직의 상품, 서비스, 정보 같은 산출물을 만드는데 필요한 역량들에 초점을 둔다.

출처 : Lucia & Lepsinger(1999), 《The art and Science of competency models : Pinpointing Critical Success Factors in Organizations》 《San Francisco : Jossey-Bass/Pfeiffer》, pp, 18-19 / Dubois(1993), 이동배 · 이창수 공역(2000), 《업무성과 향상의 비결, 컴피턴》

[표 20]은 역량모델 개발을 위해서 현재 활용되고 있는 방법들이다. 이처럼 다양한 역량모델 개발방법들이 있으나 최종 결과는 본질적으로 같다. 즉, 주어진 역할을 성공적으로 수행하기 위해서 필요한 행동을 파악한다는 것인데, 차이점은 어떠한 방법으로 최종 결과를 산출해 내는가 하는 것뿐이다.

역량모델을 개발하기 위한 조사방법에서는 조사영역과 크기, 조사목적, 자원 등을 고려하여 선택하여야 하며, 실제로 적용 가능하고 업무에서의 효과성 검증단계를 거쳐야 한다([그림 10]).

조사방법은 설문조사, 초점조사, 면접과 관찰 등으로 시행되며 비용, 소요시간, 내용에 따라 장단점은 [표 21]과 같다.

[표 21] 조사방법의 장단점

구분	절차 및 방법	장점	단점
설문 조사	-예비문항을 만든다 -소집단으로 예비조사한다 -목표집단에 배포하여 조사, 실시한다	-비용이 적게 든다 -표준적인 조사도구가 많다 -비교적 많은 자료를 수집할 수 있다 -제작, 실시에 특별한 훈련이 필요하지 않다	-명확한 문항과 지시기 필요하다 -회수율이 낮다 -설문조사는 문제에 대한 해결을 얻는 데 한계가 있다 -도구개발이 어렵다
초점 조사	-초점진단에 문제를 제시한다 -문제에 대한 브레인스토밍을 요구한다	-문제에 대한 다양한 관점을 획득한다 -중요한 인물을 초빙할 수 있다 -다양한 대안을 산출한다	-현실적으로 중요한 인물을 한자리에 모으기 어렵다 -다양한 관점을 통합하기 어렵다 -비구조화되어 진행이 다소 어렵다
면접	-문제에 대한 배경 정보를 획득한다 -면접 양식을 준비한다 -면접을 위한 행정적 조치를 취한다 -면접을 실시한다	-심층분석을 할 수 있다 -애매한 분석을 명확하게 할 수 있다 -면접은 공감대를 형성할 수 있는 좋은 기회가 된다	-편파된 집단을 대상으로 실시할 가능성이 있다 -시간이 많이 걸린다 -비구조화 면접으로 자료통합이 어렵다 -면접자 교육이 어렵다
관찰	-관찰현장에서 종업원 태도와 행동을 관찰한다 -종업원이 원하는 행동을 기록한다 -외형적 행동과 비언어적 행동도 관찰해야 한다	-실제 직무에 대한 생생한 자료 획득이 가능하다 -상호작용을 관찰할 수 있다 -연구자 효과를 배제할 수 있다 -과업수행을 방해하지 않는다 -관찰 시간에 융통성이 있다	-관찰자의 주관과 편견이 개입될 수 있다 -시간이 많이 걸린다 -관찰자 행동으로 제한됨으로 심층 분석이 어렵다

출처: 홍성근(2003), 《기업체 리더십유형과 핵심역량과의 관한 연구》

	개인	조직
대단위	설문조사 및 인터뷰	설문조사
소단위	관찰 및 인터뷰	역량추출, 초점집단면접 (focus group interview)

조사영역

출처 : 홍성근(2003), 《기업체 리더십 유형과 핵심역량과의 관한 연구》

[그림 10] 역량조사 방법

3) 역량연구방법의 유형

역량연구에 사용되는 세 가지 방법은 준거집단을 이용한 고전적 연구와
전문가 패널을 이용한 단축형 연구, 미래형 직무, 혹은 1인 직무에 대한 연
구가 있다. 역량연구에 광범위하게 사용되는 방법은 준거집단을 이용한
방법이다(Spencer & Spencer, 1993). 연구에 앞서, 연구대상이 될 업무를
선정할 필요가 있는데, 이때는 기업의 전략측면에서 중요한 업무를 선정
하는 것이 바람직하며, 조직의 목표와 핵심 성공요인을 확인하고 목표 달
성을 위한 전략적 계획을 수립한다. 또한 조직구조를 어떻게 편성할 것인
가를 결정하며, 특히 핵심적인 직무를 수행하는 문제와 관련된다. 핵심직
무란 부가가치를 좌우하는 업무를 가리키며, 이 직무를 수행하는 인력은
기업의 성과에 결정적으로 영향을 미치는 위치에 서게 된다. 핵심직무에
초점을 맞춘 Spencer & Spencer의 고전적 역량연구는 비용이 많이 소요되
며, 이 연구방법은 [그림 11]과 같이 6단계로 이루어진다(Spencer &
Spencer, 1993).

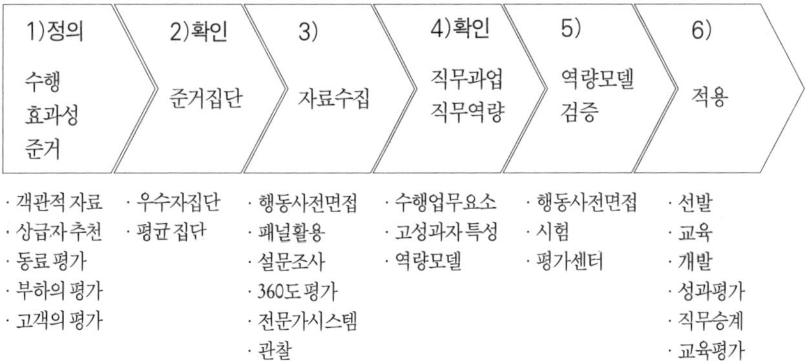

1)정의	2)확인	3)	4)확인	5)	6)
수행 효과성 준거	준거집단	자료수집	직무과업 직무역량	역량모델 검증	적용

·객관적 자료	·우수자집단	·행동사전면접	·수행업무요소	·행동사전면접	·선발
·상급자 추천	·평균 집단	·패널활용	·고성과자 특성	·시험	·교육
·동료 평가		·설문조사	·역량모델	·평가센터	·개발
·부하의 평가		·360도평가			·성과평가
·고객의 평가		·전문가시스템			·직무승계
		·관찰			·교육평가

출처 : Spencer & Spencer, 1993

[그림 11] 역량모델 개발 과정

첫째, 수행효과성의 준거(criteria) 정의 : 역량연구의 가장 중요한 첫 단계로서 효과적인 업무수행을 정의할 수 있는 기준이나 척도를 규명하는 일이다. 이때 기준이나 척도는 객관적으로 측정할 수 있는 것이어야 한다.

둘째, 준거집단의 선정 : 1단계에서 정의된 효과성 준거는 우수자 집단과 평균자 집단을 선정하는데 사용한다. 준거집단을 제대로 선정하려면 객관적 실적뿐만 아니라 상급자의 추천, 동료나 부하의 평가 등 모든 자료를 활용하여야 한다. 명실상부한 우수자로 구성된 준거집단을 얻으려면 여러 가지 기준을 적용하고 모든 기준에서 합격점을 얻은 사람을 선정하는 것이 최선이다.

셋째, 자료수집 : 고전적 역량모델을 형성하기 위해 사용되는 자료수집 방법에는 행동사전면접, 전문가 패널, 설문조사, 기존의 역량시스템에 의한 전문가시스템, 과업기능 분석, 직접관찰 등의 방법이 있다.

넷째, 자료 분석과 역량모델 개발 : 모든 경로를 통해 얻어진 자료를 분석하여 우수자집단과 평균자집단을 구분하는 성격적 특성과 역량을 규명한다. 이 과정을 주제 분석이라 하며 양 집단간의 차이점을 발견한다. 즉, 동기, 기술, 혹은 기타 역량 등 평균자집단에서 결여된 특성을 파악한다.

다섯째, 역량모델의 타당성 검증 : 역량모델에 의해 정의된 역량을 측정할 수 있는 검사를 개발하여 제2 준거표본의 우수자 및 평균자를 대상으로 검사를 실시하거나 제2의 준거표본에서 행동사건 면접데이터를 수집하여 최초의 준거표본에서 만든 역량모델이 동일한 직무를 수행하는 다른 집단의 수행을 예측할 수 있는지를 보는 것이다. 또 다른 방법은 역량모델을 적용하여 선발하거나 육성한 다음, 미래에 이들이 실제로 우수한 직무성과를 산출하는가를 검토하는 방법이다.

여섯째, 검증된 모델을 응용하기 위한 준비 : 타당성이 입증된 역량모델은 다용도로 활용될 수 있다. 즉, 선발면접, 선발, 검사, 평가센터, 경력경로, 수행관리, 승계계획, 교육훈련, 급여, 경영정보시스템 등이다. 전문가 패널에 의한 단축형 연구에서는 전문 패널을 통해 수집한 자료를 주로 이용하는 직무역량평가 과정은 ⓐ전문가 패널 소집, ⓑ행동사전 면접법, ⓒ데이터 분석과 역량모델 개발, ⓓ모델의 타당성 검증 등 3-4단계로 이루어진다.

전문가 패널이란 연구대상의 직무 및 직무군에 정통한 인력관리 전문가, 상급관리자, 혹은 해당 직무의 우수자그룹 등을 말하며, 이들로부터 직무와 관련된 책임사항, 성과 측정치를 파악하며, 직무수행을 위해 불가결한 역량, 우수역량을 조사하고, 직무수행의 장애요인을 파악한 다음 역량요건 설문지를 작성하여 이를 바탕으로 데이터를 분석하여 역량모델을 규명한다.

미래형 직무 및 1인 직무에 대한 연구방법에서는 미래형 직무란 현재 정의되어 있지만 아직 존재하지 않는 직무를 말하며, 1인 직무란 해당 직무에 종사하는 인원이 단 한명에 불과한 직무를 말한다. 미래형 직무연구에서는 전문가 패널에 의한 추정, 기존 직무요소와 역량의 상관관계에서 추정, 현존 유사직무 활용 등의 방법이 있다. 1인 직무역량은 해당 직무에 종사하는 사람과 상호 작용하는 사람들이 제공하는 데이터를 종합하여 결정한다.

4) 역량모델의 활용

최근 인적자원 관리시스템을 개선하기 위해 역량모델을 활용하는 사례가 증가하고 있다(McLagan, 1997). 역량모델은 인적자원 관리시스템의 모든 프로세스에 있어 매우 중요한 역할을 한다. 업무를 효과적으로 수행하기 위해 필요한 역량을 파악함으로써 성공적인 성과를 올리는데 가장 적합한 행동들에 초점을 맞추어 선발, 교육훈련과 개발, 성과평가, 승계계획시스템을 운영할 수 있다. 이렇게 인적자원 관리시스템에 역량모델을 활용할 때의 장점과 내용은 다음에 제시되는 [표 22]와 [표 23]과 같다.

[표 22] 역량모델의 활용

영역	활용내용	준비사항
선발	-선발요소의 결정, -선발방법의 결정, -선발기준의 결정	-직무기술서, -직무명세서, -측정도구보고서,
배치/전환	-배치기준의 결정, -개인의 직무자질 비교	-검사결과
교육/훈련	-교육요구의 확인, -교육방법의 결정 -교육평가의 기준설정	-개인육성 계획서 -개인별 검사 결과
고과	-교과 핵심요소의 구성, -고과면담 체크리스트	-검토보고서, -검사결과
경력 개발 승계계획	-자기계발 목표의 설정, -승진/경력 경로기준설정	-성과 검토 보고서 -개인육성 계획서/검사 결과
평가	-평가/개별요소의 정립, -평가 Bias 최소화 -평가/개발 방법 개발	-직무기술서, -직무명세서 -측정도구 보고서

출처 : 송진휘(2001), 《관리직사원 핵심역량 개발을 위한 교육요구 분석》

[표 23] 역량모델의 이점(장점)

구분	이점(장점)
선발	-업무에서 성공할 사람을 채용할 가능성을 높인다 -회사의 성과 기대에 부응하지 못하는 사람들에 대한 시간과 금전적 투자를 줄인다 -보다 체계적인 인터뷰 프로세스를 실시하게 해 준다 -교육할 수 있는 역량들과 개발하기 어려운 역량들을 구분하는데 도움을 준다
교육훈련과 개발	-업무의 효과성에 가장 크게 영향을 미치는 기술, 지식, 특성에 초점을 맞추게 한다 -조직의 가치와 전략에 교육훈련과 개발 기회를 일치시킨다 -교육훈련에 소요되는 시간과 자금을 가장 효과적으로 사용한다 -지속적인 코칭과 피드백을 위한 틀을 제공한다
평가	-무엇을 관찰하고 측정하는지에 대하여 상호 이해하게 해 준다 -성과평가 미팅에 있어 평가내용을 역량에 초점을 맞추고 대화를 촉진시킨다 -업무에 있어서 개인의 행동과 결과에 대한 정보를 얻는데 도움을 준다
승계계획	-해당 직무나 역할 수행에 필요한 지식과 기술, 특성을 명확하게 한다 -승계 후보자가 어느 정도 준비되어 있는지에 관한 평가방법을 제공해 준다 -부족하거나 미비한 역량을 개발하기 위한 교육훈련과 개발 계획에 초점을 맞춘다 -조직에서 높은 잠재력을 보유한 조직 구성원의 수를 조사할 수 있게 해 준다

출처 : Lucia. A.D. & Lepsinger, R., (1999)

5) 역량의 개발(Competency Development)

역량은 특정한 상황이나 직무에서 준거에 따른 효과적이고 우수한 수행의 원인이 되는 개인의 내적인 특성으로서 다양한 상황에서 일반적으로 나타나고 장시간 지속되는 행동 및 사고방식을 의미하며 동기, 특질, 자기개념, 지식, 기술을 포함한다(Spencer & Spencer, 1993)고 정의하였다. 여기에서 행동 및 사고의 일관성과 지속성이 전제된다. 일관성과 지속성은 행동의 원천이 되는 사고체제나 신념체제에 기인하므로, 개인의 사고 및 신념체제가 완성되고 공고해진 성인기의 심리적 특질과 유사성을 보인다. 또한 지식과 기술은 비교적 가시적이며 표면적인 특징으로 개발하기가 비교적 쉬우나 자기 개념, 특질 및 동기는 중심부에 위치하며 잘 드러나지 않는 부분으로 개발하기는 어렵다고 하였다. 그렇다면 과연 역량은 교육훈련을 통해 개발하는 것이 가능한가에 대한 의문이 있을 수 있다. 이에 대해 많은 연구에서 제시된 증거에 의거하면 가능하다는 것이다. 성취지향적이거나 자기확신, 우울증적 귀인스타일(Attribution style)과 실패에 대한 두려움의 감소, 고유한 자기개념 대 강요된 자기개념 등의 동기나 특성에 관련된 영역까지 개발이 가능하다(Spencer & Spencer, 1993).

역량을 개발하는 일반적인 방법은 인간의 학습과 변화에 대한 네 가지 이론에 근거한다. 그 네 가지는 성인체험교육이론, 사회학습이론, 동기습득이론, 자기주도적 변화이론으로 다음과 같다.

첫째, 성인체험교육이론(Adult Experiential Education Theory)

추상적 개념화, 적극적 실험, 구체적 경험, 반성적 성찰의 네 가지 투입물이 작용할 때 성인학습이 가장 잘 일어난다고 하며 [그림 12]와 같다.

여기서 추상적 개념화란 새로운 이론, 아이디어, 또는 방법을 말하며, 적극적 실험이란 추상적인 이론과 아이디어 실험, 또는 무엇인가 해보라는 지시를 말한다. 반성적 성찰이란 경험한 것을 반추하고, 바람직한 행동에 대한 자기 이론이나 아이디어의 수정을 의미한다. 사람에 따라 앞의 네 가지 요소 중 한두 가지를 선호하게 마련이지만, 네 단계를 모두 거치는 것이 가장 효과적이다(Kolb, 1984).

둘째, 사회학습 이론(Social Learning Theory)

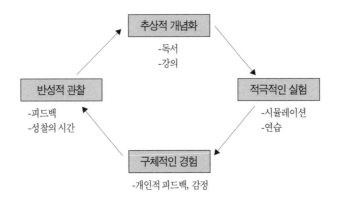

출처 : Spencer & Spencer(1993),《Competency at work》, 민병모 외 역(1998),《핵심역량모델의 개발과 활용》

[그림 12] 성인학습 교육개발 단계

　사람들은 역할의 모방 즉, 어떤 상황에서 성공적인 행동을 보이는 사람을 관찰하고 모방함으로써 학습하게 된다는 것이다. 행동모방기법은 학습자에게 실제상황에서 학습자와 유사한 인물이 특정한 역량을 발휘하는 모습을 관찰하게 하거나, 그런 모습을 담은 필름, 비디오 테이프를 보여준다. 그리고는 학습자에게 모델의 행동을 흉내내거나 역할 행동을 해보도록 한다. 많은 연구를 통해 행동모델링은 명확히 정의하기 어려운 대인스킬을 가르치는데 효과적임이 밝혀졌다(Bandura, 1969).

　셋째, McCelland의 동기습득이론(Theory of Motive Acquisition)

　맥클랜드는 사람들이 동기 및 자기개념 같은 핵심적인 성격의 특성을 습득하거나 변화시킬 수 있는 12가지 원리를 제시하였는데, 이를 요약하면 다음과 같다(고연용, 2002).

　ⓐ 개념적 모델 : 학습자에게 자신의 행동을 이해할 수 있는 새로운 개념적 틀을 제공하고 새로운 모델을 받아들여야 하는 근거를 제시하여야

한다. 예를 들어, 성취지향적 사고를 가르치려면 학습자에게 성취지향적 사고가 정확히 어떠한 것인가를 가르쳐 주어야 하며, 성취지향적 사고의 열 한가지 요소에 대한 생각이 유쾌한 결과를 연상하도록 만들어야 한다. 이러한 요소를 생각하는 자체가 성취동기를 유발하는 것이다.

ⓑ 자기평가 : 학습자는 자기가 가진 역량이 어떤 수준인지를 피드백 받고, 학습자 인생의 목표를 달성하는데 필요한 역량의 수준과 비교하여 어느 정도인지 평가를 받아야 한다.

ⓒ 연습 : 피교육자는 새로운 사고와 행동을 습득하기 위해서 연습이 필요한데, 먼저 가상의 상황에서 연습한 다음 점차 실제상황에서 응용해 보는 것이다.

ⓓ 목표설정 : 학습자는 목표를 설정하고 이 역량을 활용하기 위한 계획을 세워야 한다. 의식적으로 목표를 수립하여 자신과 타인의 피드백을 받음으로써 성취지향적 사고를 강화하고 목표 달성의 가능성을 높인다.

ⓔ 사회적 지지 : 학습자에게는 새로운 사고와 행동을 배우고, 실험하며, 실천하는 것을 지원해 주는 안전한 환경이 필요하다는 것이다. 학습자가 새로운 역량을 활용할 수 있도록 서로 지원하고 격려해 줄 수 있는 동료나 존경하는 인물이 있다면 학습은 순조롭게 진행된다. 교육을 통하여 학습자가 새로운 공통의 언어를 사용하고, 새로운 가치관을 공유하며, 지속적인 학습에 몰두하는 바람직한 집단의 일원이 될 수 있다면 이는 매우 바람직한 결과이다(McCelland, 1965).

넷째, 자기주도적 변화이론(Self Directed Change Theory)

자기주도적 변화에 관한 연구에 따르면, 다음과 같은 세 가지 조건이 존재할 때 성인은 변화한다고 한다.

ⓐ현상에 대한 불만(현실), ⓑ바람직한 상태에 대한 분명한 그림(이상 또는 목표), ⓒ현실에서 이상으로 가기 위해 필요한 명확한 행동(행동단계).

사람들은 변화가 자신에게 이익이 된다고 느낄 때 변화를 시도한다. 현재 자신이 지닌 역량을 불만스럽게 생각하고, 역량 개발의 목표, 그리고 새로운 역량을 어떻게 사용할 것인지를 분명하게 인식하고 있어야 성인은 변화될 수 있다. 현재의 역량과 원하는 역량과의 격차가 변화의 양상을 제시하고 필요한 에너지를 공급하는 것이다. 본인의 의지에 반한 변화는 불가능하다는 사실을 일깨워 준다. 즉, 변화가 자신에게 이익이 됨을 확신하지 않는 한, 동기가 변화될 수 없다는 것이다.

(3) 역량학습을 위한 전략

성인학습에 대한 이해와 역량 개발을 위한 학습이론을 기초로 한 역량학습을 위한 전략은 다음과 같다(Spencer & Spencer, 1993).

① 길러야 할 역량이 존재하며, 이 역량은 직무를 훌륭하게 수행하기 위해 매우 중요한 요소임을 학습자에게 인식시킨다.

② 새로운 역량의 개념을 설명하고 그것을 발휘하는 방법을 정확히 이해시킨다.

③ 학습자에게 우수한 직무수행에 필요한 역량과 자기의 현재 역량을 비교한 피드백을 제공한다.

④ 실제와 유사한 모의상황에서 역량을 실습하고 우수한 행동과 비교해 보고, 개선할 요소가 무엇인지 피드백한다.

⑤ 학습자 스스로 실제 직무에서 새로운 역량행동을 실천하기 위한 목

표와 계획을 세우게 한다.

⑥ 새로운 역량을 실천하고 유지할 때 적당한 보상을 제공하며, 체계적인 후속지원을 아끼지 않는다.

(4) 역량기반교육(Competency - based training)

역량기반교육은 업무성과를 얻기 위하여 필요한 지식, 기능, 가치 등 역량모델을 교육 필요점으로 하여 과정을 개발하고 실시함으로써 차이역량을 강화하여 업무에 성과를 내기 위한 인적자원 개발활동이다. 역량기반교육은 역량을 종합적으로 발휘할 수 있도록 육성하는데 그 기반을 두고있다. Spencer & Spencer(1993)는 역량기반교육의 개발절차로서 현재 또는 미래의 직무를 훌륭하게 수행하는데 필요한 역량모델의 개발, 교육효과가 높은 역량 확인, 역량기반 학습, 개발센터, 자기계발, 원격교육, 업무재배치, 선배의 지도 중에서 가장 효율적인 개발방법의 선택, 평가방법 및 교재 개발, 트레이너 양성, 교육실행, 교육결과 평가로 구분하였으며 역량기반학습을 평가할 때에는 되도록 현장의 행동변화 및 정량적 결과에 대한 평가를 포함시켜야 한다고 하였다. Du Bois(1993)는 요구 분석, 역량모델 개발, 커리큘럼, 기획, 학습실행, 평가의 5단계로 역량기반 학습모델을 [그림 13]과 같이 제시하였다.

① 1단계 : 요구 분석(frontend needs analysis, assessment, and planning)

조직의 요구는 이미 발생한 내외부 상황에 대한 사후반응과 향후 예측되는 상황에 대한 사전반응이다. 이 단계에서는 확인된 요구가 조직의 전략에 어느 정도 결정적인 영향을 주는가, 원하는 결과를 위하여 프로그램에 투자

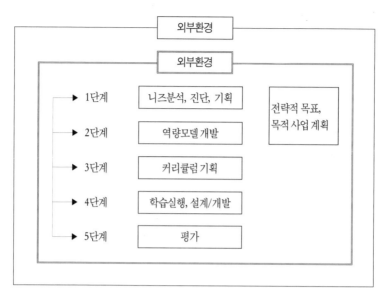

출처 : Spencer & Spencer(1993)

[그림 13] 역량기반 학습모델

정도와 가치여부, 공식적인 학습 외에도 다른 대안이 있는가 여부이다.

첫 단계인 여기서는 거시적인 요구 분석이 이루어진다. 성공적인 직무성과를 위해서 조직원들이 필요로 하는 지식이나 스킬, 다른 내재적 특성들은 여기에서는 상세하게 확인하지 않는다. 미시적 요구 분석은 일단 직무역량 모델이나 메뉴를 완성하고 난 뒤, 이를 활용하여 성과향상에 대한 직원 개개인들의 구체적이고 세분화된 요구를 분석할 수 있다. 학습 기획자는 실제 요구를 반영하는 역량기반 학습의 개발 및 계획을 수립하면 이를 학습고객에게 소개하고 의견을 청취하고 내용을 보완한다.

② 2단계 : 역량모델 개발(competency model development)

이 단계에서는 학습목표 대상자들의 직무역량 요건들을 확인하고 모델을 구성하기 위해 필요한 조사를 계획, 실시한다. 이 단계에서는 조직원들의 높은 업무성과를 얻기 위해 필요한 역량들을 기록한다. 이 조사 결과는 1단계에서 만들어진 사전계획과 일관성을 가지고 있어야 한다. 역량모델은 조직원의 역할과 책임, 그리고 다른 이들과의 관계 등의 맥락에서 성공적인 업무성과에 필요한 역량들을 개략적 수준으로 다룬다. 이러한 역량모델의 요건을 활용하여 학습 대상자들의 역량요구에 대해 자세히 진단해 볼 수 있다. 이러한 자료수집과 분석은 이후의 커리큘럼 기획과 학습프로그램 디자인의 기반이 된다. 이 단계에서 수립된 역량모델은 반드시 경영층과 학습고객의 승인을 얻어야 한다.

③ 3단계 : 커리큘럼 기획(curriculum planning)

이 단계에서는 직무역량이 거시적(macro)수준과 미시적(micro)수준에서의 요구 분석과 결합되어 조직원들에게 효과적이고 효율적인 학습기회를 제공하는 일련의 학습활동들을 연계해 주는 개념적 구조인 커리큘럼 계획으로 만들어진다. 커리큘럼은 단일직무 또는 관련된 수많은 직무나 업무를 포함하고 있는 조직기반에 걸친 인적자원 개발 프로그램을 대상으로도 광범위하게 설계가 가능하다. 다수의 직무와 조직, 광범위한 통제영역 등은 역량을 기준으로 하여 분류되며, 이를 바탕으로 성과향상 시스템이 만들어진다. 여기서 서로 관련성이 있는 역량끼리 모아지고 명확한 논리와 구체적 순서에 따라 제시될 수 있어야만 본래 의미에 충실한 커리큘럼이 된다. 커리큘럼 계획에는 학습할 때 어떤 전략과 방법을 사용할 것인지에 대한 결정도 포함된다. 학습전략과 학습방법은 어떤 것으로 선택하느냐에 따라 비용의 차이가 있기 때문에 이 단계에서 결정하게 된다.

④ 4단계 : 학습실행(learning intervention design and development)

이 단계에서는 역량들과 커리큘럼의 계획의 요소들이 학습과정으로 구체화된다. 커리큘럼 실행에 활용되는 학습은 교육과정, 세미나, 워크숍, OJT, 개별연구, 독서, 통신 프로그램, 컴퓨터 활용 강의 등이 있으며 개별적으로 또는 서로 결합된 형태로 활용된다. 이 단계에서 얻게 될 학습이나 교수 설계는 대개 강사 중심이기보다는 학습자 중심으로 이루어지기 때문에 조직원들의 적극적인 참여가 필수적이며 그 책임도 학습자가 져야 한다. 또한 학습실행에 앞서 파일럿 테스트를 가져야 한다. 이 과정을 통해 학습자들의 요구와 필요역량들이 모두 다루어졌는지, 그리고 사용한 학습 실행전략이 적절한 것인지를 확인할 수 있기 때문이다.

⑤ 5단계 : 평가(evaluation)

이 단계에서는 역량기반 학습 시스템이 조직원의 업무성과요구와 조직의 전략적 요구를 어느 정도 만족시켰는가를 평가하고 그 결과를 활용하게 된다. 여기서는 시스템의 모든 요소들이 평가대상이 된다. 평가 시스템의 설계와 실행방식에 따라 평가방법은 다양하게 나올 수 있다. 현재 다루고 있는 실제적인 성과향상에 대한 요구, 그리고 이 요구를 충족시켰을 때 얻을 수 있는 많은 이점들을 조사하기 위해서는 다양한 정보수집이 필요하다.

체계적인 계획을 통해 얻어진 평가결과 없이는 성과변화의 원인과 그 효과를 파악, 분석하고 평가하는 것은 매우 어렵다. 특히 대규모이고 산재해 있는 조직에서 이 시스템을 적용하는 경우에는 더욱 힘든 작업이 될 것이다.

평가 시스템을 어느 정도 범위와 깊이로 실행할 것인가는 조직의 관심과 지원정도, 그리고 평가작업에 사용할 수 있는 자원의 양에 따라 결정된다.

이 모델의 기본 논리는 조직원들에게 실시하는 모든 교육이 직무성과 향상에 기여하며, 궁극적으로는 조직의 전략적 목표 달성에 도움을 준다는 것이다. 또한 성과향상과는 무관한 불필요한 능력 개발에 시간을 낭비하지 않으며 조직의 다양한 욕구를 유연하게 충족시켜줄 수 있다고 보았다. 특히 이것은 조직원의 직무성과에 필요한 요건들을 구체적으로 다루고 있으며 적시에 교육이 시행될 수 있고, 현장 적용효과가 매우 높으며 조직원의 추상적인 역량을 향상시키기 위한 교육 시스템 개발에 특히 유용하다.

역량기반교육의 일반적인 흐름은 개인이나 조직이 업무와 역할수행을 위하여 필요로 하는 핵심역량을 확인하고, 자기계발계획에 따른 인적자원개발 계획을 수립, 자기계발을 할 것인지 연수에 참여할 것인지를 결정하고, 프로그램을 실행한 후 이를 평가하여 개인과 조직에 피드백하고, 이를 핵심역량 확인에 다시 반영하는 것으로, [그림 14]와 같이 나타낼 수 있다.

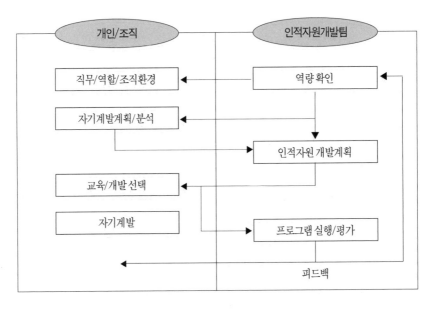

출처 : 홍성근(2003), 《기업체 리더십유형과 핵심역량에 관한 연구》

[그림 14] 역량기반 교육 흐름도

(5) 직무 유형별 핵심역량모델

　직무 유형별 핵심역량모델은 기업의 특성에 따라 다양한 형태로 나타날 수 있으나, Spencer & Spencer(1993)에 의해서 연구되었는데 일반적인 직무역량모델을 기술직과 전문직, 영업직, 대인서비스직의 세 가지로 분류하고, 이 세 유형을 개인 작업자와 관리자로 나누어 우수한 업무수행자와 평균적인 업무수행자의 역량과 행동양식을 비교하였다. [표 24]는 세 가지 직종과 관리자의 일반 역량모델에서의 역량의 중요한 순서대로 기술한 것이다. 또한 연구에서는 행동양식의 빈도를 역량 중요도의 척도로 사용하고 있지만 실제로는 빈도와 함께 다음 사항에 대한 전문가적 판단을 종합하여 역량 중요도를 가려야 한다. 역량 부재로 인한 부정적인 결과, 해당

[표 24] 직무 유형별 역량모델

기술직/전문직	영업직	대인서비스직	관리자
· 성취 지향성 · 영향력 · 개념적 사고 · 분석적 사고 · 주도성 · 자신감 · 대인이해 · 질서에 대한 관심 · 정보수집 · 팀워크와 협력 · 전문성 · 고객 지향성	· 영향력 · 성취 지향성 · 주도성 · 대인이해 · 고객 지향성 · 자신감 · 관계형성 · 분석적 사고 · 개념적 사고 · 정보수집 · 조직인식 · 기술적 전문성	· 영향력 · 타인육성 · 대인이해 · 자신감 · 자기통제 · 다른 개인 효과성 역량 · 전문성 · 고객 지향성 · 팀워크와 협력 · 분석적 사고 · 개념적 사고 · 주도성 · 유연성 · 지시/주장	· 영향력 · 성취 지향성 · 팀워크와 협력 · 분석적 사고 · 주도성 · 타인육성 · 자기혁신 · 지시/주장 · 정보탐색 · 팀 리더십 · 조직인식과 관계 　형성 · 전문성/지식

출처 : Spencer & Spencer(1993), 《Competency at work》

직무에서 이 역량을 이용함으로써 얻게 되는 이득의 중요성, 회사의 전략 방향과 작업환경 변화를 고려할 때의 미래 직무요건 등이다(김선준, 2000).

①기술직과 전문직 : 이 모델은 넓은 범위의 지식 노동자들이 포함되므로, 주요 용도는 일반적인 지식노동자의 역량을 관리자, 대인서비스 및 영업직 등의 역량과 비교하는데 있다. 기술직과 전문직의 개인 작업자들은 성취 지향성, 영향력, 개념적 사고, 분석적 사고, 주도성, 자신감, 대인이해 역량 순으로 중요하다. 기술직과 전문직 관리자는 역할 면에서 다른 분야의 관리자와 다를 바 없다. 관리직으로 승진하게 되면 대인 및 관리 역량이 요구되는데, 특히 대인이해, 영향력, 팀웍과 협력역량이 중요해진다.

②영업직 : 영업직에서 가장 중요한 역량은 성취와 행동 및 영향력이다. 이 두 가지 역량은 관찰빈도도 비슷하며, 성공적인 직무수행을 위해 필수적이다. 영업 관리자의 모델은 영업 사원모델보다 일반 관리자모델과 더 유사하다. 이는 영업직에서 관리자가 되기 위해서는 일정한 수준의 영업 관련 역량이 전제조건이므로, 이들에게는 우수한 영업사원의 역량이 당연한 것으로 여겨지기 때문이다. 따라서 영업 관리자모델은 영업 관리자로서 성공하기 위한 추가적인 역량을 강조하기 마련이다. 영업 관리자로 승진하기 위해서는 영업 사원보다 약간 높은 수준의 성취 지향성과 대인이해역량이 요구된다.

③대인서비스직 : 대인서비스직은 타인을 돌보는 일에 비중을 두는 그룹과 영향력 행사에 비중을 두는 두 그룹으로 나눌 수 있다. 전자는 상담원, 간호사 등이고 후자는 교사, 목회자, 사회사업가 등이다. 그럼에도 불구하고 대인서비스 직종 전체의 일반 역량모델을 살펴보면, 필요한 역량

의 초점과 범위가 경영관리직, 영업직, 기술 전문직 등 일반적인 직종과는 다르다는 사실을 알 수 있다. 대인서비스 종사자가 해당 분야의 관리자로 변신하려면 다른 분야의 경우와 마찬가지로 별도의 역량이 추가로 요구된다. 개별 종사자 모델에서는 그다지 요구되지 않았던 성취지향성 및 주도성이 관리자들에게는 다른 직종의 관리자들에게 요구되는 수준만큼 필요한 것으로 나타나고 있다.

④ 관리자 : 경영관리 직무(Managerial Jobs)는 역량평가방법을 사용하여 연구된 최대의 직무그룹이다. 관리업무의 비중과 중요성 때문에 기타 역량에 비해 크게 주목을 받아왔다고 볼 수 있다. 경영관리직무는 다음과 같이 몇 가지 차원에서 분류될 수 있다. 첫째, 지위에 따른 분류로 일선 감독자에서 경영진까지이며 둘째, 기능에 따른 분류로 생산, 영업, 마케팅, 재무, 엔지니어링, 인적자원 등의 분류이며 셋째, 산업 또는 환경에 의한 분류로 군대, 보건, 교육, 제조 등의 분류이다. Boyatzic(1982)는 관리자를 대상으로 한 초기 연구에서 얻어진 데이터를 재분석하여 서로 다른 기능 및 부문에 종사하고 있는 관리자들을 상세히 비교하였다. Spencer & Spencer(1993)는 상당 부분 Boyatzic의 것과 유사하지만, 약간의 차이를 보인다. 그의 연구에서는 모든 유형의 우수한 관리자들은 일반적인 역량 프로파일을 공유하고 있다. 즉, 자신이 속한 직종의 개별 종사자들(영업직, 공장근로자, 대인서비스직, 기술전문직 등) 사이에서 발견되는 유사성 보다는 관리직 사이의 유사성이 더 뚜렷하게 나타나고 있다. 관리자는 다양한 범위의 지위, 기능, 산업의 분류에 따라 집단간의 차이를 보이지만, 공통적으로는 영향력, 성취 지향성, 팀웍과 협력, 분석적 사고, 주도성, 타인육성 순으로 중요하게 나타나고 있다.

Spencer & Spencer(1993)의 연구를 정리 비교하면 다음과 같다[표 25]. 이 표에서는 기술/전문직, 영업직, 대인서비스직에 속하는 개별 종사자 및 해당 관리자의 역량에 대한 상대적 중요도를 비교할 수 있다. 이와 같은 분석을 통해서도 관리직간의 직종과 무관한 유사성이 나타나며, 관리자와 다른 유형의 식무 사이에는 뚜렷한 차이가 있음올 알 수 있다.

[표 25] 직무 유형별 역량모델의 중요도에 대한 차이

구분	개별 종사자	관리자
기술직 및 전문직	· 성취와 행동 · 인지 · 대인 영향력 · 개인 효과성 · 관리 · 조력, 서비스지향성	· 관리 · 성취 및 행동 · 인지 · 대인 영향력 · 개인 효과성 · 조력, 서비스지향성
영업직	· 대인 영향력 · 성취 및 행동 · 개인 효과성 · 인지 · 조력, 서비스지향성 · 관리	· 관리 · 성취 및 행동 · 대인 영향력 · 개인 효과성 · 조력, 서비스지향성 · 인지
대인 서비스	· 개인 효과성 · 관리 · 인지 · 대인 영향력 · 조력, 서비스지향 · 성취 및 행동	· 관리 · 대인 영향력 · 성취 및 행동 · 인지 · 개인 효과성 · 조력, 서비스지향성

출처 : Spencer & Spencer(1993),《Competency at work》

(6) 경영상의 요구의 종류와 의미

경영상의 요구의 유형은 경영요구(Business Needs), 수행요구(Performance Needs), 교육요구(Training Needs), 직무환경요구(Working Environment Needs)로 구분할 수 있다([그림 15]).

여기에서 경영요구(Business Needs)는 조직, 부서(팀)의 목표 또는 성과와 관련된 요구를 의미한다.

수행요구(Performance Needs)는 특정 직무수행자들의 직무수행상 행동(활동)과 관련된 요구를 의미한다. 교육요구(Training Needs)는 성공적인 직무를 수행하기 위해 알아야 할 지식, 기술, 태도와 관련된 요구를 의미한다.

직무환경요구(Working Environment Needs)는 성공적인 직무를 수행하기 위해 지원되어야 할 직무환경(지원 시스템/업무 프로세스 등)과 관련된 요구를 의미한다.

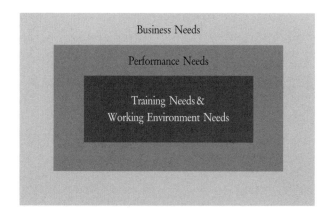

[그림 15] Needs의 유형

5. 교육요구 분석 방법

교육훈련에 대한 요구 분석방법에는 기업의 특성과 산업/직무군에 따라 다양한 방법을 개발하여 활용할 수 있다. 교육요구 분석에 대한 적합한 대상자의 선정과 요구 분석도구의 비교 및 현재 일반적인 기업에서 가장 많이 활용되고 있는 네 가지 방법에 대하여 알아보면 다음과 같이 표([표 26, 27, 28])로 각각에 대하여 나타낼 수 있다.

기타 특성에 대한 내용에 대하여 알아보면 다음과 같이 요약할 수 있다.

(1) 관찰자의 특성

교육요구 분석을 위한 관찰의 방법에서 관찰의 특성 및 성공적인 관찰자의 특성으로는 다음과 같이 설명할 수 있다.

관찰의 특성으로는 작업현장에 기초한 노력을 가능하게 하며, 면담에서의 직원들의 말이나 지식보다 작업상황을 통해 다른 실제상황을 보여주기도 하는 반면에 유용한 관찰을 한다는 것은 결코 쉬운 일이 아니다. 또한 성공적인 관찰자의 특징으로는 직무 및 직무의 세부적인 사항에 대한 호기심이 요구되며, 관찰목적의 달성을 조용히 끈기 있게 버티는 인내력이 요구되며, 관찰자의 역할 등을 관찰 대상자에게 적절히 설명하고 그들의 걱정을 덜어주는 재치가 필요하며, 기꺼이 현장환경과 함께 하고자 하는 자세와 관찰의 초점이 되는 직무와 시스템에 대한 이해력이 절대적으로 요구된다. 이와 함께 관찰과 기록 등의 여러 가지를 한꺼번에 처리할 수 있는 능력이 요구되며, 숲과 나무를 볼 수 있는 판단력과 사태가 일어나는 순서대로 기록하고 순서에서의 의미를 추리하는 능력 등이 요구된다고 할 수 있다.

[표 26] 요구 분석의 대상자 선정

대상자	분석의 목적
교육요청자 및 현업 리더	●개발되는 교육과정과 관련하여 교육 요청자들이 생각하는 교육생들의 현재 상태 및 바람직한 상태 파악 ●교육과정 개발과 관련된 사업부문 이슈에 대한 의견과 해결책 파악 ●교육과정 개발의 필요성 및 대상자의 범위, 프로그램의 개발방향 결정
교육대상자	●교육생들이 느끼는 과정에 대한 이슈 파악 ●교육과정의 주제와 관련된 사전 수준의 파악 ●교육대상자의 수준에 따른 교육내용의 적정 난이도 결정 ●교육생들이 구체적으로 원하는 내용 및 태도의 파악 ●교육대상자들의 특성 파악
내용전문가	●교육내용 및 적정 난이도 결정 ●개발되는 과정에 필요한 Contents 공급 ●교수 전략과 평가전략 및 운영전략의 개발

[표 27] 요구 분석 도구의 비교

도구들	장점	단점	필요행동
• 현장에서의 작업을 관찰하기 위해 무작위적으로 종업원을 선택 • 현장에서 다양한 경우에서 동일한 시간대 동일한 종업원 관찰	• 관찰자들은 무슨 일이 발생했는지 직접적으로 볼 수 있다 • 관찰자들은 종업원들 사이에서 발생하는 상호작용을 관찰	• 무슨 일이 발생했는지 관찰자의 주관적 해석을 기초로 한다 • 전체의 명확한 그림을 그려 내는데 필요한 시간이 오래 걸린다	• 다양한 시간대 부서를 종합적으로 관찰하여 종업원의 행동과 태도 관찰 • 종업원들이 무엇을 하는지 기록 • 명백한 행동 뿐만 아니라 비언어적 행동에서도 변화 관찰
• 질문에 답변을 해 줄 수 있는 브레인 스토밍 참여 핵심 인력 선발	• 핵심인력으로 가용 문제에 관한 상이한 관점 • 비언어적 의사소통과 상호작용 관찰	• 핵심인력의 바쁜 일정을 조정하기가 어렵다 • 종종 다른 관점은 통일된 비전을 창조하는 어려움	• 그룹에 문제를 제기하고 그 질문에 브레인스토밍 답변으로 통합된 효과 요청
• 표본을 추출하여 비정형적인 대화	• 비언어적 행동까지 인식할 수 있고 불명확한 진술을 명확하게 할 수 있다	• 개인에 대한 편견이 개입될 수 있다	• 각 인터뷰를 위한 표준안 작성 • 문제에 대한 아이디어를 추출하기 위한 최소 5문제 이상 준비 • 다양한 부서, 자유로운 분위기
• 문제에 관한 정보를 수집하기 위한 질문 구조화	• 대규모 구성원과 접촉 • 적은 비용으로 많은 데이터 수집 • 훈련된 면담자 불필요	• 명확한 질문 구성과 설명 • 회수율 저조	• 대략적인 질문 • 적은 표본에 사전 평가 • 해당집단에 배분

[표 28] 교육요구 분석 방법 4가지

구분	개요	장점	단점
설문조사	●도출하고자 하는 내용에 적합하게 설문조사서를 개발하여 조사한 후, 결과에 대한 통계처리를 통해 교육요구를 확인하는 방법	●조직 구성원의 다양한 의견을 수렴할 수 있고, 많은 사람들이 참여하면서도 경제성이 높다	●설문조사의 목적을 정확히 이해하여 응답하기 어렵기 때문에 기대하는 결과물을 성공적으로 얻을 수 있는 가능성이 낮다
인터뷰	●도출하고자 하는 교육내용에 맞는 인터뷰 주제와 대상자를 선정하여 인터뷰를 실시한 후, 결과를 분석하여 교육요구를 도출하는 방법	●개개인의 경험을 바탕으로 실제적인 교육요구를 파악할 수 있으며, 대면에 대한 조사를 통해 감성적인 부분 및 이면에 내재되어 있는 요구의 확인이 가능 함	●능숙한 인터뷰 기술이 필요하며, 대면방식에 의해 누구의 의견인지가 분명하여 대상자들이 심리적 부담감을 가질 수 있음
SME Workshop	●도출하고자 하는 교육요구내용에 적합한 전문가를 선정하여 이들과 함께 Workshop을 통해 교육적 요구사항이 무엇인지를 확인하는 방법	●SME의 생생한 경험을 중심으로 도출되기 때문에 현장감 있는 산출물이 도출될 가능성과 활용성이 가장 큼	●적절한 SME를 선발하여 장시간 Workshop을 수행하여야 하기 때문에 SME의 적극적인 참여가 성공의 열쇠가 됨
직무분석	●도출하고자 하는 교육요구내용에 적합한 직무들을 선정한 후 직무수행 담당자를 중심으로 교육적 요구가 무엇인지를 확인하는 방법	●각 직무별로 처해진 상황을 고려하여 교육요구를 도출하기 때문에 정확한 산출물을 기대할 수 있음	●각 직무별 요구수준이 다양하게 반영되어 교육요구를 집약하여 활용하는데 어려움이 내재되어 있고, 시간적 경제적 요구가 큼

(2) 그룹미팅

그룹미팅의 부분에서는 그룹미팅의 활용방법과 성공적인 그룹미팅의 단계에 대하여 알아본다.

그룹미팅의 활용방법으로는 다양한 가능대안들을 살펴보고 대안들의 범위를 결정하며, 대안간 중요성의 순서를 정하고 의사결정을 할 수 있으며, 구성원들에게 무슨 일이 벌어지고 있는지를 알릴 수 있으며, 또한 여러 사람의 노력에 협조를 구할 수 있으며, 여러 사람의 시간을 더 효과적으로 사용할 수 있다.

성공적인 그룹 미팅의 단계로는 [표 29]와 같이 나타낼 수 있다.

[표 29] 성공적인 그룹미팅의 단계

구분	주요 내용
단계 : 1	회의를 준비한다. ● 회의의 목적을 설명, 목적 달성 Agenda 작성, 참가자 선정 역할분배, 회의장소와 도구 준비
단계 : 2	회의를 시작한다. ● 리더는 중립적이고 보호적이어야 한다 ● 서기는 토의 내용의 기억 담당자 ● 회의의 성격 결정 ● 목적점검, 개인참여 유도, 토론을 구체적으로 리드
단계 : 3	회의를 마무리한다.

(3) 인터뷰

인터뷰에 대한 내용 중에서 인터뷰의 요소와 인터뷰의 특징 및 성공적인 인터뷰의 단계에 대하여 알아보면 다음과 같다.

인터뷰의 요소로는 면담자와 주제 및 면담상황과 응답자로 구분될 수 있는데, 이중에서 성공적인 인터뷰를 위한 면담자의 역할로서는 의사소통 전략이 요구되며, 또한 면담의 안건에 대한 사전준비와 면담의 조절이 절대적으로 필요하다.

인터뷰의 특징으로는 면담은 깊게 탐색할 기회를 주는 융통성이 있고 프로젝트 수행에 필요한 지지나 도움을 얻을 수 있으며, 면담은 상대방의 몸짓, 억양, 침묵 등에서 글보다 훨씬 많은 정보를 제공해 준다. 면담은 요구 분석이나 주제 분석 및 직무 분석을 수행하는 최상의 수단이 되며, 한편으로 면담은 고도의 기술이 요구되는 도구라 할 수 있다.

성공적인 인터뷰의 단계는 [표 30]과 같이 나타낼 수 있다.

[표 30] 성공적인 인터뷰의 단계

구분	주요 내용
단계 : 1	면담을 위한 준비 •면담의 목적 파악, 안건 또는 면담지침 작성, 주제 또는 과제연구, 스케줄 작성
단계 : 2	면담의 시작
단계 : 3	면담의 수행 •질문하기, 기록하기
단계 : 4	면담의 마무리 •응답자가 질문하고 코멘트할 기회 제공 •면담이 프로젝트 전체에 미치는 공헌에 관한 토론 •감사의 표시 등

(4) 설문조사

설문조사의 이점으로는 회의를 하거나 면담을 하는 것보다 비용이 저렴하며, 출처의 무기명성을 보장할 수 있고, 응답자가 대답을 위한 생각할 시간을 가질 수 있으며, 타부서 사람들의 참여를 유도하는 보다 공개적인 도구가 된다. 또한 잘 구성된 설문은 쉽게 점수를 매기고 분석할 수 있다.

실문지 작성의 단계로는 1단계에서부터 6단계로 구분하여 [표 31]과 같이 나타낼 수 있다.

[표 31] 설문지 작성의 단계

구분	주요 내용
단계 : 1	• 누구로부터 무슨 정보를 필요로 하는지 밝힌다
단계 : 2	• 효과적인 문항을 작성한다
단계 : 3	• 지시사항을 알기 쉽게 작성한다
단계 : 4	• 인사말을 작성한다
단계 : 5	• 질문지 작성자를 위한 체크리스트를 활용한다
단계 : 6	• 타당성을 검증한다

(5) 직무 분석

직무 분석의 목적으로는 직무를 구성하고 있는 업무수행절차 및 이의 수행에 요구되는 능력요소를 분석해 냄으로써 개발하고자 하는 교육과정의 주요 내용 영역을 설정하기 위함이라고 할 수 있다. 그리고 직무 분석의 주요 결과물(Output)의 분석단계에서는 차후 단계인 설계단계의 기초가 되는 학습내용과 적절한 학습내용 전개순서를 제시하는 기초자료를 얻게 된다. 아울러 분석단계에서 도출되는 주요 결과물로서는 개발하고자 하는 교육과정에 참가하는 대상자의 해당 직무수행에 필요한 기능(Function), 직무(Duty), 과업(Task)이며, 각 과업수행에 필요한 지식, 기능, 태도 등의 필요한 능력과, 해당 교육과정에 포함해야 할 과제, 지식, 기술 등과 수준평가(업무 활용도)항목의 개발 등이라 할 수 있다.

한편 직무분석 프로세스로는 ①학습자 분석, ②직무 분석(Job Analysis), ③직무 분석 타당도 검토, ④과제 분석(Task Analysis), ⑤교육형태 분석(Training Analysis), ⑥업무활용도 평가설계로 구분할 수 있으며 각 단계별 세부내용은 다음과 같이 나타낼 수 있다.

① 학습자 분석은 앞으로의 직무 분석을 얼마나 깊이 실시할 것인가를 결정하기 위한 것으로서 이는 학습자의 현재 보유지식 및 능력까지를 분석하기 위함이다. 교수설계, 개발, 실시, 평가시 특별히 고려해야 할 사항이 없는가를 결정하기 위함이며, 집단 또는 합숙교육 외의 교육형태를 필요로 하는가? 만약 필요하다면 어떤 학습형태가 적절한가를 판단하기 위함이 주요 목적이다.

교육요구와 관련하여 교육대상자의 현 수행수준 및 지식, 기능, 직무경험을 조사하는 방법으로는 평균 수행자를 기준으로 조사하는 방법과 현존자료, 인터뷰, 설문조사를 통해 데이터를 수집하는 방법 등이 있다고 볼 수 있다.

또한 직무수행 그리고 교육과 관련하여 교육 대상자들의 요구와 태도, 동기유발 정도, 정신적·신체적 특성, 기타 특기사항을 파악할 수 있다.

일반적인 학급자 분석의 주요 항목으로는 업무경력, 전공, 업무수행수준, 직접적 요구사항, 동기유발수준, 직급분포, 전문용어 이해도 등으로 자료를 정리할 수 있다.

② 직무 분석(Job Analysis)이란 해당 직무를 수행하는데 필요한 기능,

책무, 과업 등을 밝히는 것이라고 정의 할 수 있다. 직무 분석에서 일반적으로 SME(Subject Matter Expert : 현장실무 전문가)를 선정하여 참여하는데 이들은 주로 과정 개발을 위한 직무 분석활동에 참여한다. 특히 SME 선정 대상자들은 일반적으로 해당 직무를 최고로 훌륭히 수행하는 우수자(직무 전문가)로 구성이 되어야 하며, 만약 그러한 사람들이 없다면, 사외에서라도 최고의 수행자를 찾도록 해야 한다. 이와 같은 SME들의 선정이 중요한 이유는 이들의 활동이 교육목표수준 결정에 직접참여를 통하여 자사의 최상위 목표를 설정하기 때문이며, 직무 분석의 결과는 다음 단계(설계, 개발)의 작업활동에 매우 중요한 정보로서 활용되므로, 만약 능력이 미흡한 SME를 선정하여 직무 분석을 하게 되면 나머지 과정 개발의 기준 또한 보통 또는 보통 이하 수준으로 머무르게 될 것이기 때문이다.

직무 분석에서 일반적으로 제시되고 있는 직무, 기능, 임무, 과업의 용어에 대한 정의는 다음과 같이 기술할 수 있다.

첫째, 직무(Job)는 직무수행자 한 개인에 의해 수행되는 기능이나 임무를 종합한 것으로서 직책(Position)이라는 말의 유사어로 사용되기도 한다.

둘째, 기능(Function)은 전체 직무 중 하나의 독립된 하위 부문이며, 또한 관련된 임무의 집합체라고 할 수 있다.

셋째, 임무(Duty)는 해당 기능 중 독립된 하위 부문으로 밀접한 관련이 있거나 비슷한 과제들의 모임이라 할 수 있다.

넷째, 과제(Task)는 직무수행시에 필요한 행위요소로서 시작점과 마침점이 있거나, 독립된 업무단위이거나, 일련의 절차를 포함하거나, 하나의 구체적인 결과물을 내거나, 동사＋목적어로 구성된다고 할 수 있다.

③ 직무 분석 타당도 검토는 직무 분석 결과에서 도출된 과제 리스트를 설문으로 전환하여 교육 대상자들에게 과제 리스트라는 형태로 각 직무에 대한 중요도, 빈도, 난이도를 조사함으로써 교육 필요점 우선 순위가 존재하는 과제를 도출하는데 그 목적이 있다고 볼 수 있다. 또한 직무 분석에서 도출된 과제 리스트를 설문을 통해 조사하여 교육과정 개발에 필요한 과제만을 도출함으로써 다음 단계인 과제 분석의 노력을 최소화할 수 있으며, 과제의 중요도, 빈도, 난이도를 중심으로 설계된 교육 필요점을 결정할 수 있다. 이와 함께 우선순위 1순위는 교육 필요점으로 우선 채택하며, 우선순위 3순위는 교육 필요점에서 제외, 우선순위 2순위는 SME와 협의하여 채택여부를 재결정하여 최종 결정된 교육 필요점은 다음 단계인 과제 분석단계로 전환하게 된다.

④ 과제 분석(Task Analysis)은 각 과업에 대한 지식, 기술, 태도요소들을 도출하기 위함이 목적으로, 이는 타당성 조사결과표에서 도출된 교육 우선순위에 입각하여 교육과정에 필요하다고 판단되는 과업에 대해서만 실시한다.

과제 분석절차는 각 과업별 지식, 기술, 태도 분석 동일유형의 지식, 기술, 태도 분석 그룹핑(grouping)하며 요구 사정결과 및 선진지식, 기술, 태도를 결합하며 결과를 정리한다. 또한 이와 같은 분석절차에 따른 과제 분석 워크숍의 주요 포인트로서는 SME의 워크숍시 지식과 기술에 대한 개념과 기술방법에 대하여 정확히 설명해 주지 않으면 기대한 결과를 얻기 힘들기 때문에 정확히 설명해주어야 하며, 지식과 기술을 구별하는 것이 무엇보다 중요하다.

⑤ 교육형태 분석(Training Analysis)의 주요 목적은 지금까지 분석된

지식과 기술 중 집합교육(과정 개발)이 필요한 것을 선발해내기 위함이며, Off-JT(집합교육)로 가능한 것과 Off-JT 외의 교육형태로 진행될 것을 선발해 냄으로써 Off-JT로 가능한 항목만을 과정 개발의 주요 내용으로 채택하기 위함이다. 또한 Off-JT 이외의 항목은 향후 다른 형태의 교육시 반영하기 위함이 주요 목적이라 할 수 있다.

교육형태 분석방법으로는 과제 분석을 위한 SME 워크숍시 시행을 하며, 과제별 지식과 기술 리스트별로 각각에 대하여 가장 적합한 교육형태를 체크하는 방법이 있으며, 또한 OJT, Off-JT, Job Aids, SD에 대한 정확한 개념을 SME에게 주지시켜야 한다. 그리고 Off-JT에 해당하는 항목만을 대상으로 과정개발 작업에 착수하게 됨을 강조하여 SME들에게 신중히 검토하도록 하여야 한다.

이와 같은 내용을 보다 알기 쉽게 제시하기 위하여 교육형태의 결정양식과 교육형태 분류기준에 대한 내용을 다음 [표 32, 33]에 정리하였다.

[표 32] 교육형태의 결정 양식

구분	내용	교육형태
지식 (Knowledge)	●조직의 정책방향 및 인재육성 전략관련 지식 ●산업교육관련 Trends 관련지식 ●교육요구 분석지식(직무 분석, 역량분석, 내용 분석 등) ●교육과정 효과성 분석관련 지식	Off-JT Off-JT OJT Off-JT
스킬 (Skill)	●요구 분석 기법 능력 ●인터뷰 운영 스킬 ●요구 분석 설문작성 능력 ●요구 분석 결과 통계해석 능력 ●보고서 작성(문서 프리젠테이션)능력	SD OJT Off-JT Job-Aids Off-JT

[표 33] 교육형태 분류 기준

교육형태	교육형태 선정시 기준
Off-JT	●과제를 수행하거나 학습하는데 난이도가 높을 때 ●상황에 따라 촉박하게 대처해야 할 과제일 때 ●잘못 수행하면 중대한 결과를 초래할 때 ●정신적 기강, 자세, 마음가짐이 중요한 과제일 때 ●과제 학습을 위해서는 일과 후 시간+조력자 협조 필요시
OJT	●과제 수행이 매우 간단한 것일 때 ●과제 수행 대상자가 소수일 때 ●과제 수행시 현장상황이 반드시 고려되어야 할 때
Job-aids	●교육 후 금방 활용되는 과제가 아닐 때
SD	●이미 배운 과제를 복습하고 싶을 때 ●학습자의 개인 차(선수능력, 직무수행상황 등)가 심할 뿐만 아니라 그 점을 반드시 고려해야 하는 과제일 때 ●반복, 숙달을 위해 충분한 연습시간 확보가 필요한 과제일 때 ●교육 전 교육대상자의 선수 능력을 동등한 수준으로 맞추고자할 때

⑥ 업무활용도 평가설계는 직무과제 분석결과를 바탕으로 개발된 교육 과정이 현장 직원들을 대상으로 운영된 후 현장의 직무수행 정도가 어느 정도 향상되었는지를 측정하기 위함이 주요 목적이라 할 수 있다.

교육계획 수립 및 교육훈련 운영

1. 교육체계의 기본 개념
2. 교육체계 수립의 기본 절차

1. 교육체계의 기본 개념

(1) 계획이란?

계획이란 조직가치의 증대를 위해 변화를 제안하고 실제로 그것을 실현해 가는 과정으로서 Doing Thing Right, Doing Right, Thing Right라고 할 수 있다. 계획에 대한 보다 구체적인 내용은 다음과 같이 나타낼 수 있다.

①아이디어의 완성도를 높이는 작업, ②개인 혹은 집단의 문제의식을 해체 및 결합하여 조직의 과제로 현재화하는 작업, ③문제해결 - 문제형성 - 행동화에 이르는 일련의 시스템을 만들어 가는 과정, ④희망과 꿈을 자기 주도적 행동에 의해 현실로 바꾸어 가는 과정, ⑤예정된 행동을 설명하는 일련의 유기적인 시스템으로 목적 달성을 위한 제반자원들을 결합방식에 의거 결정하는 행위, ⑥특정 상황에 적합한 구체적 해결책을 창조하거

나 재구성하는 목표 지향적 행동, ⑦어떤 과제에 의거, 그 과제를 달성하기 위하여 해야 할 업무의 이미지를 묘사하고 전체 또는 세부에 걸친 구상을 다듬고 한데 모아 제안할 때, 그 제안 내용 및 제안을 정리하기까지에 이르는 작업과정이라고도 할 수 있다.

(2) 교육체계란?

교육체계란 교육과 관련된 모든 활동내용들로서 ①교육과 관련된 모든 일을 창조하는 기본계획으로서 필요인재의 육성에 대한 구체적인 방법과 계획을 체계적으로 수행할 수 있도록 한 종합적인 마스터플랜을 의미하며, ②비전의 구체적인 설계로서 교육업무의 과제 및 목표의 달성을 위하여 실행해야 할 구체적인 과정을 수립하는 것이며, ③수동적 업무를 주도적 업무로 전환하는 작업으로서 우리가 왜, 무엇을, 어떻게 할 것인가를 계획함으로써 교육과 관련된 수행을 주도적으로 참여하는 것이 아니라 스스로가 자신(또는 조직)의 일을 주도하는 것으로 바꿀 수 있음을 나타낼 수 있다고 본다.

(3) 교육체계 수립을 위한 필요한 기본사고

교육체계를 수립하기 위해 필요한 사고요소로 ①Fact-Base(사실에 기초한) 사고, ②분석적 사고, ③가설지향적 사고, ④시스템적 사고, ⑤긍정적 사고, ⑥실천적 사고 등이 있다고 본다.

(4) 훌륭한 교육체계란

명확한 현장요구 실현 가능성에서 큰 기대효과를 도출하는 것이라고 할 수 있으며 보다 구체적인 항목으로는 다음과 같이 나타낼 수 있다. 그것은 ①명확한 현장요구로서 정확한 요구 분석(Needs Analysis)을 통한 우리 조직의 교육요구를 확인하고 이에 대한 해결책을 제시하여야 하는 것, ② 실현가능성으로서 막연하고 웅장한 소망을 담는 것이 아니라 현실적으로 계획했던 인재를 육성하는데 활용할 수 있는 실천방향의 제시 등이다.

(5) 교육체계 관련 기본 개념의 이해

① 러닝 로드맵(Learning Roadmap)으로서 인재육성의 목적에 따른 효과적이고 효율적인 육성계획을 경로를 통해 설정한다. 그렇게 함으로써 단계별로 필요 교육적 지원활동을 계획하여 구성하는 것을 다음 [그림 16]과 같이 나타낼 수 있다.

② 계층교육

계층교육의 주요 부분으로는 교육내용의 범주와 계층별 필요능력으로 구분하여 제시할 수 있는데, 교육내용 범주의 구성요소로서는 환경론적 접근, 경영론적 접근, 내부 관리론적 접근, 기능론적 접근 등의 구성요소가 있다. 아울러 계층별 필요능력으로는 경영층과 중간관리층 및 일반사원층에 따른 차별화된 계층별 필요능력을 나타낼 수 있다([그림 17, 18]).

③ 직능교육

직능별 교육체계는 다음 [그림 19]에서와 같이 나타낼 수 있다.

[그림 16] 효율적인 인재육성 경로

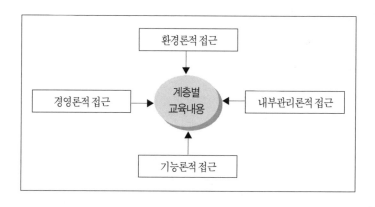

[그림 17] 교육내용의 범주

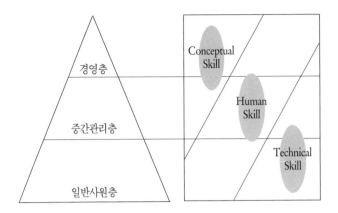

[그림 18] 계층별 필요능력

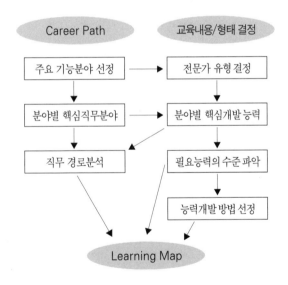

[그림 19] 직능별 교육체계

④ 교육체계를 위한 주요 인재육성전략 사례

인재육성전략에 대한 주요 항목으로 핵심인재 육성모델과 핵심역량 중심의 육성모델에 대한 내용은 다음과 같이 알아볼 수 있다.

첫째, 핵심인재 육성모델에서는 보편적인 인재육성전략에서 탈피하여 조직의 경쟁력 확보에 절대적으로 필요한 핵심인재를 몇 단계의 전문성 수준으로 구분하여 집중적으로 육성하고자 하는 목적을 전제로 하며, 한편으로 핵심인재 육성을 위해서는 선발된 인력들이 현재 담당업무 분야에서 출발하여 어떤 세부적인 경로를 거쳐야만 기본능력과 자질을 보유한 명실상부한 핵심인재로 육성될 것인가에 대한 표준직무 이동경로의 설정작업을 필요로 한다.

둘째, 핵심역량중심의 육성모델에 대한 내용은 다음 [그림 20]과 같이 나타낼 수 있다.

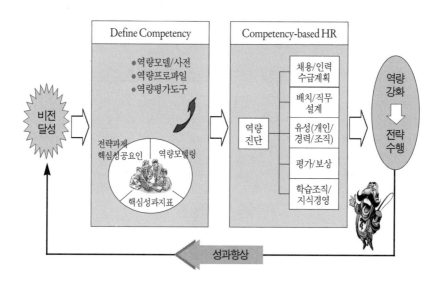

[그림 20] 핵심역량 중심의 육성모델

2. 교육체계 수립의 기본 절차

  기업조직의 필요인재를 육성하는 방법은 다양한 방법들이 존재하지만 일반적으로 이러한 방법에 대한 총체적인 실행계획은 교육체계라는 형태로 운영되고 있으며, 이에 대한 수립절차는 다음 [표 34]와 같은 핵심역량

[표 34] 교육체계 수립 절차

절차	주요 내용
교육현황 분석	●과거와 현재 운영중인 교육에 대한 분석을 통해 교육개선방향의 설정
경영상 요구 및 교육요구 분석	●현재 조직의 경영상 필요로 하는 인재의 모습과 이를 기준으로 한 교육적 요구의 확인
교육 필요점, 타당성 분석	●도출된 교육요구에 대해 교육처방이 실제로 필요한가를 확인
교육체계 설계	●구체적인 교육적 활동에 대한 실행계획 수립

●역량중심의 HRM 시스템 구축

중심의 육성모델의 절차에 의해 진행되고 있다고 볼 수 있다.

(1) 교육현황의 분석

교육현황 분석에 대한 주요 요인으로는 ①Critical Business Issues(중·
장기, 단기) : SWOT 분석, 전략과제의 도출, 교육적 과제, ②조직구조 및
운영 시스템 : 교육적 시사점을 도출, ③동종업계/이 업종의 Best-Practice
조사 및 분석, ④기존 교육과정의 효과성 분석, ⑤경영이념 즉, 교육철학의
정립(인재상, 교육이념) : 의사결정 준거이며, 경영자의 의지 확인, ⑥교육
기본 방향 및 핵심과제 도출 등으로 구분할 수 있다.

교육현황 분석 결과에 대한 예시를 다음 [표 35]와 같이 나타낼 수 있다.

[표 35] SWOT 분석을 통한 교육현황 분석 결과 예

강점(S)	약점(W)
●인력 : 단결력 강화(일사 분란한 업무) ●기술 : CEO의 기술력 축척을 위한 강한 의지(연구소기능/ 위상 강화) ●시장 : 해당업계 시장점유율 1위	●HRD : 정규적인 교육기회의 미흡 　　　　HRD부분의 인력개발에 대한 기능미흡 ●인력관리/조직문화/비전전략 　: 창의적, 도전적 마인드 미흡 　사업적 위기의식/부서간 협조체제 미흡
위협(T)	기회(O)
●시장 : 국내 학습지 시장 사업규모 성장한계 ●경영전략 : 경영전략 달성을 위한 세부 전략미흡	●시장 : 업종 내 독점적 사업지위 확보 　　　　신규 학습관련 틈새 시장

(2) 경영상의 요구 및 교육요구 분석

경영상의 요구 및 교육요구 분석에 대한 주요 내용으로는 ①육성하고자 하는 핵심인재 유형의 결정 : 핵심역량 분야/준핵심역량 분야에 대한 Relationship Map 형성, ②핵심인재에 요구되는 직무분야별 역량 분석 (지식/기술/태도) : 직무 분석/역량 분석, 사내외 SME 워크숍, 인터뷰, 설문조사 등, ③인재육성 관련 현장의 요구사항 분석 : 직원 대상 인터뷰 및 설문조사 등으로 알아볼 수 있다.

이에 대한 분석결과 예시를 다음과 같이 [그림 21]로 나타낼 수 있다.

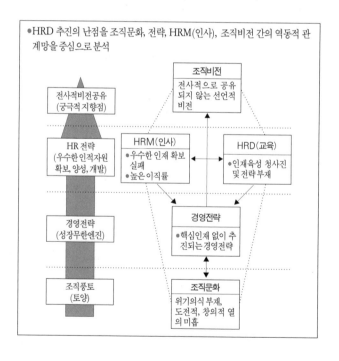

[그림 21] 경영상의 요구 및 교육요구 분석 결과 예시

(3) 교육 필요점 타당성 분석

교육 필요점에 대한 타당성 분석의 요인으로는 ①도출된 역량에 대한 해당 직원 현재 수준의 파악 : 설문조사, 인터뷰, 직무 분석 등등, ②조사된 Best-Practice에 대한 적절성 검토, ③사외전문가 의견 청취 : 내용 전문가(Content Experts), 학습 전문가(Process Experts) 등이 있다.

(4) 교육체계 설계

교육체계 설계의 주요 항목으로는 ①HRD Strategies, ②Learning Roadmap, ③핵심 교육내용(Core Learning Contents) 확정 등이 있다. 각 항목별 예시를 통하여 보다 구체적인 내용을 알아보면 다음과 같다.

[표 36] HRD Strategies 예시

구분	3대 전략	6대 추진과제
HRD전략1	●경영전략과 연계된 인재육성 전략	●5대 Leadership(경영전략) 역량강화 프로그램 개발/운영 ●5대 Leadership 역량강화를 위한 CBI 도출 및 공유 Process 개발 (Competency Behavior Index)
HRD전략2	●경영전략과 연계된 인재육성 전략	●5대 Leadership 역량강화를 위한 현장부문별 과제 해결 학습프로그램 운영 ●현장문제 해결 공동체 CoP 운영 (Community of Practice)
HRD전략3	●자기주도적 학습을 유도하는 지원 시스템 구축	●자기주도 역량 개발 신고제 도입 ●교육이수 점수제 및 부하능력 육성 평가제 도입

① HRD Strategies 예시([표 36]) : HRD 활동은 직원의 역량 개발을 촉진하고 이를 통해 조직 성장엔진(경영전략)이 강화되며, 궁극적 지향점인 경영성과 향상으로 연계되어야 하는 교육전략이 구축되어야 함을 나타낸다.

[표 37] 핵심인재 육성경로

형태	육성단계	육성경로
선발에 의한 육성	통합화	경영전문가 ① ② ①
	다기능화	① ② ③ / 경영기획 전문가 ① 인사관리 전문가 금융회계 전문가 전산 전문가
의무적 교육	전문화	① ② ③ / 경영 전략, 경영 관리, 인사, 교육, 총무, 자금 세무, 전산

[표 38] Learning Roadmap

과정 구분		Specialist Course			Expert Course		Generalist Course
		초급	중급	고급	초급, 중급	공통	공통
육성경로	①	경영 전략 수립 실무 과정	경영 전략 전문 과정	경영 진단 능력 향상 과정	•인사관리 실무과정 •자금관리 실무과정	•기획력 향상과정	•리더십과정
	②				•인사관리 실무과정	•프리젠테이션 스킬향상 과정	•전략경영 기획력 향상과정
	③				•자금관리 실무과정	•팀빌딩 과정	•협상력 향상과정

② Learning Roadmap의 예시부문에서는 핵심인재 육성경로와 Learning Roadmap에 대하여 알아보면 다음 [표 37, 38]과 같다.

③ Core Learning Contents의 예시부문에서는 책임 관리자 육성교육이라는 예시를 통하여 알아볼 수 있다[표 39].

[표 39] 관리자(국장/팀장) 능력향상교육

구분	주요 내용		
학습 목표	•비전의 수립 및 공유를 위한 프로세스 이해 •비전의 구체화를 위한 핵심역량의 개발 •목표 달성을 위한 조직생산성 달성방안의 수립		
대상/ 시간	•팀장 및 국장(과장~차장) •24H		
학습 내용	교과목	세부 내용	교수방법
	환경변화 리더의 역할	•경영환경의 변화 트렌드 •조직운영체계의 변화 •변화에 대한 조직 내의 상황 공유	강의/ 워크숍
	변화의 프로세스	•변화의 프로세스 이해 •성공적인 변화추진 사례	강의/ 사례연구
	비전/미션/ 목표 설정	•비전의 설정 프로세스 •미션 개발 도구 •목표설정 프로세스	강의/ 실습
	목표 달성 실행계획 수립	•계획수립 프로세스 -목표 확인, 정보 수집, 관리항목 선정/수행평가 방법의 설정 •실행계획 수립	강의/ 워크숍

교수계획 및 교수법

1. 교수설계 정의

    교수설계는 교사와 교수개발자에 의해 수행되는 전문적인 활동으로 특정한 수업내용과 특정 대상 학습자들을 위하여 어떤 교수방법을 언제 어떻게 사용할 것인가에 대한 처방적 성격을 갖고 있다고 할 수 있다.

    교수설계의 기원으로는 수없이 많은 학자들이 주장하고 있지만 일반적으로 Dewey(1990)가 학습이론과 교육실제 사이의 연계과학의 필요성을 주장함에 따라 교수설계의 기원으로 인지하고 있으며, 초기 교수설계의 이론은 행동주의 학습 이론에 이론적 근거를 두었지만 최근 교수설계의 주요 이론은 인지주의 학습 이론에 이론적 기초를 두고 있다고 볼 수 있다. 또한 교수설계의 이론은 학습 이론과 커뮤니케이션 이론, 그 외 관련된 다양한 이론들을 바탕으로 이루어졌으며, 일반체제 이론에 그 근본원리를 두고 있다.

교수설계는 다양한 분야와 방법으로서 교수설계를 이행하고 있지만 크게 5가지의 교수설계로 구분하여 설명할 수 있다.

① 과정(Process)으로서의 교수설계 : 교육의 질을 확실히 하기 위한 학습 및 교수 이론정립 → 교육과정의 세부사항에 대한 체제적 설계/개발 → 수업과 시스템 개발을 위한 총체적 분석과정 → 교수와 학습자 활동의 실행에 따른 평가과정을 통하여 이루어지는 설계방법이다.

② 수업(discipline)으로서의 교수설계 : 교수설계는 교수전략에 대한 이론 및 연구와 관련된 지식을 적용하는 교수설계방법이다.

③ 과학(science)으로서의 교수설계 : 교수설계는 복잡성의 모든 단계에서 주제의 크고 작은 단위에 대한 학습을 촉진하는 상황을 개발, 실행, 평가 그리고 유지하기 위한 세부적인 항목들을 창조하는 과학이다. 즉, 문제제기, 잠정적 이론, 오류 제거, 새로운 문제, 새로운 이론 등과 같은 과학의 과정으로 교수설계를 보는 관점이다.

④ 실재(reality)로서의 교수설계 : 교수설계는 설계과정의 어느 부분에서도 시작할 수 있는데, 갑자기 떠오르는 아이디어로 인해 교수 상황의 핵심부분을 개발할 수 있다. 이렇게 개발된 설계물들은 총체적인 과정 내에서 어떻게 조화를 이룰 수 있는지 고려되어야 한다. 즉, 체계적인 관점으로 재기술된다.

현실의 측면에서 시간 및 비용 등의 문제로 인해 교수설계가 체제적으로 이루어지기 어려운 상황이 발생되기도 한다. 이 경우에는 분석, 설계, 개발, 실행, 평가를 동시에 진행하며, 이를 수정보완하는 순환적인 형태로 교수설계과정이 이루어진다.

⑤ 예술(art)로서의 교수설계 : 교수 - 학습현상을 삶의 한 단면, 구체적으로 하나의 예술작품으로 보고 교육과정을 설계하고 개발하는 과정이다.

2. 학습 이론

교수설계시에 반영되는 이론으로는 다양한 교수 - 학습 이론과 교수설계 이론 등이 있다. 또한 이 이론을 바탕으로 교수모형이 만들어진다. 이와 같은 관점에서 우선 이론과 모형의 차이에 대하여 짚어보고, 교수설계와 관련된 제반 이론에 대하여 알아보기로 하자.

(1) 이론과 모형이 무엇인가?

① 이론이란 오랜 기간 이루어진 관찰을 통해 일반적인 설명을 제공하는 것이며, 어떠한 행위를 설명하고 예견하는 것이다. 그러나 이론은 의구심이 없는 완벽한 것을 의미하는 것은 아니며, 상황의 변화에 따라 수정될 수 있다.

② 모형이란 정신적으로 그림으로써 우리가 직접적으로 경험하거나 보지 못한 것을 이해할 수 있도록 돕는 것들을 모형이라고 한다.

(2) 학습 이론 구별하기

학습 이론을 구별하는 일반적인 내용으로서는 어떻게 학습이 일어나는가? 학습에 영향을 미치는 요소는 무엇인가? 기억의 역할은 무엇인가? 어떻게 전이가 일어나는가? 학습의 어떤 유형이 이론에 의해 가장 잘 설명되는가? 교수설계와 관련된 이 이론의 기본 가정과 원리가 무엇인가? 어떻게 교수전략이 학습을 촉진시키기 위해 구조화되었는가? 등을 통하여 학습 이론을 구별 할 수 있다고 본다. 학습 이론을 어떤 준거나 틀을 가지고 구별해 보는 것 즉, 학습 이론의 차이를 비교해 볼 수 있는 방법에 따라 학습 이론에 대하여 정의할 수 있다. 또 한편으로 학습 이론들은 공통적으로 두 가지 측면에서 학습을 정의하는데, 인간의 수행에서 보여지는 지속적인 변화로 가정을 통하여, 수행에서의 변화는 반드시 학습자와 환경과의 상호작용에 따른 결과라고 볼 수 있다.

이와 같은 내용을 통하여 학습 이론이란 내용을 정의하면 수행에서 나타난 관찰될 수 있는 변화와 이들 변화가 어떻게 해서 나타나게 되었는가를 연결하는 능력을 향상시키기 위해서 환경과 상호작용하는 과정의 속성에 관한 체계적이고 통합적인 견해라고 정의할 수 있다. 학습 이론의 정의를 통한 학습 이론의 네 가지 기능으로는 첫째, 연구를 위한 틀을 제공하는 것이며 둘째, 정보를 조직하는 틀을 제공하는 것이며 셋째, 단순하게 보여지는 사태가 지니고 있는 복잡성과 모호성을 명확하게 하는 것이며 넷째, 어떤 현상에 대한 이전의 경험을 새 지식에 의해서 재조직하는 기능으로 구분하여 제시될 수 있다.

(3) 학습 이론의 요소

학습 이론의 구성요소로서는 이론 수행의 변화가 어떤 것인가를 설명할 수 있는지에 대한 결과(results)와 결과를 야기한 과정들은 무엇인가에 대한 수단(means), 무엇이 이들 과정을 발생하게 하였는가, 또는 학습을 위한 기반을 형성한 자원 혹은 경험은 무엇인가에 대한 투입(inputs)으로서의 세 가지인 결과(results), 수단(means), 투입(inputs)의 요소로 정의할 수 있다.

1) 행동주의
① 행동주의 이론의 교수 - 학습원리

행동주의는 행동에 대하여 관찰되는 변화를 기반으로 하는 것으로서, 자동화될 수 있는 새로운 행위 양식에 초점을 둔다. 따라서 행동주의 이론은 관찰되고 측정될 수 있는 행동을 명백히 하고자 하는 연구에 집중을 하였으며, 마음에서 일어나는 사고과정은 무시한다고 볼 수 있다. 이와 같은 내용을 통하여 행동주의의 교육적 적용은 관찰되고 수량화될 수 있는 학습자의 반응행동을 산출하여야 한다는 데 있다.

또한 행동주의는 교육공학에 많은 영향을 끼친 내용으로는 첫째, 교수는 학습자로부터 관찰될 수 있고 측정될 수 있는 결과를 이끌어내도록 설계되어야만 한다. 즉, 무엇이 학습자에게 기대되는지를 명백하게 진술한

목표에 근거해서 교수가 실시되어야만 한다는 것이다.

둘째, 행동주의적 사고는 학급자에 대한 사전측정의 사용을 증진시킨다. 학습자들을 위해 교수 프로그램을 계획할 때 초기에는 단서(cue)를 사용하여 학습자의 올바른 반응을 유도해야 한다. 단서는 교수 설계자들이 학습자가 학습할 정보에 대해 사전 준비할 수 있도록 도움을 주어야 한다. 학습정보는 작은 묶음(chunks)으로 순차적으로 수업에서 제시되어야 하고, 학습자가 학습에 성공적이었을 때는 학습자들을 긍정적으로 강화해야 한다.

부차적으로, 행동주의 원리에 기초한 교수는 학습자들이 학습하는 동안 자신에게 필요한 정보에 접근하고 수집할 수 있도록 허용해야 한다. 또한 피드백의 한 종류로 볼 수 있는 학습관련 정보는 수업을 교정하고 학습자의 진도를 추적하고 관리조정하기 위해 사용되어질 수 있다. 학습자의 학습은 측정되어야 하며, 측정 결과 요구된 수준에 도달하지 못한 학습자는 성취수준이 최저 기대수준에 도달할 때까지 동일한 또는 유사한 수업을 통해서 계속 학습하도록 조치하여야 한다.

② 행동주의와 교수설계

행동주의는 관찰 가능한 행동과 학습결과에 대한 강조로 인하여 학습자와 학습과정을 간과하였다는 비판을 받아왔다. 스키너(Skinner)를 위시한 행동주의자들에 의해 주장된 교수 - 학습 원리에 의해 교육공학 분야가 발전되었다는 것을 인지하여야 한다. 이와 같은 관점으로 볼 때 교육공학에서 행동주의 영향에는 행동목표경향, 교수기계, 프로그램 학습, 개별화된 교수접근, 컴퓨터 보조학습, 교수에 대한 시스템적 접근 등과 같은 6가지 요소가 있다고 할 수 있다.

2) 인지주의

① 인지 이론의 교수 - 학습 원리

인지 이론은 정보처리과정 즉, 정보가 감각기능을 통해 뇌에 수용되고, 조직되고, 기억장치에 저장되고, 인출되어 사용되는 과정을 토대로 학습과정을 개념화하는 것이라 할 수 있다. 인지심리학자의 측면에서는 학습과정 자체에 초점을 두어서 학습자들에게 행동주의자에 비해 훨씬 많은 자율과 통제를 허용하고 있다. 즉, 교수설계시 학습자의 인지구조와 학습자 집단의 특성을 고려할 것을 강조하며, 학습행동의 대부분은 인간이 자신의 주변 세상에 대한 지식을 어떻게 구성하느냐가 관건이 된다라고 할 수 있다.

이와 같은 내용을 통하여 인지 이론에서 교수는 학습자의 인지구조의 현존하는 상태, 곧 카리스마에 기초해야 하는데, 그것은 어떻게 학습자가 지식을 내적으로 구성, 조직하느냐에 따라 새로운 학습이 일어날 것인가가 결정되기 때문이다.

또한 학습내용은 학습자가 새 정보를 기존 지식에 의미 있게 연결할 수 있도록 조직되어서 학습자가 선수지식을 사용하여 현재의 지식구조를 새로운 상황에 맞게 변화시키도록 도와주어야 한다. 그 외에 인지 과학자들은 학습과정에 있어서 학습자의 직감, 동기, 학습에 대한 정신적인 준비 등을 주요한 요인으로 간주하였고, 학습자의 능동적인 참여가 수반되어야 할 것 등도 강조하였다.

② 인지학습과 교수설계

1950년대 이후에 나타난 인지주의 심리학을 통하여 1970년대 이후에 교수설계에 영향을 미치기 시작한 인지학습과 교수설계는 학습자들에게 효과적인 학습을 증진하는데 유용한 인간 마음의 내적 과정에 관심을 갖고 접근하였다. 한편 인지주의에 영향을 받은 교수설계모형은 knowledge coding과 표상, 정보저장 및 인출, 사전정보에 따른 새로운 정보의 통합과 같은 학습의 과정을 다루었다. 이처럼 인지학습 이론에서 교수설계의 목적은 가장 효과적이고 효율적인 방식으로 학습자에게 지식을 전달하는 것이었다.

3) 구성주의

인간이 어떻게 지식을 구성하느냐에 일차적인 관심과 지식을 구성하는 것은 어떠한 일이나 사건들을 해석하는데 사용하는 인간의 사전경험, 정신구조, 신념 등의 기능에 의해서이다. 우리는 외부세계에서 지각된 경험을 해석하는 정신적 활동을 통하여 실재를 구성한다고 볼 수 있다. 이와 같은 내용을 근간으로 구성주의 관점에서는 사고란 물리적 경험과 사회적 경험의 지각을 토대로 하며 정신에 의해서 이해된다. 중용한 인식론적 가정은 인간의 외부 세상에 대한 독특한 경험과 믿음에 의해서 모든 외부의 실재를 다르게 받아들인다는 점이라 할 수 있다. 구성주의 관점에서의 주요 세부 내용으로 실재란 그 실재가 구성되어지고 해석되어져 인간의 정신 속에 있는 그 이상의 것이며, 지식이란 개별적으로 구성되어져 사람의 마음에 내재되어 있는 것이다. 인간의 상호작용에 의해 보다 서로를 잘 협동하고 타협한다고도 보고 있다. 또한 인간은 외부세계에 있는 실재 본성을 경험에 의해 의미 있게 구성하고, 학습을 이끌어 내는 동시에 개인적인 학습목표를 추구하게 된다는 것이다. 구성주의에서 효과적인 교수란 인지적 도제법을 통하여 실제 세상의 문제를 현실적인 상황 하에서 다루고 학습자가 상호작용을 통해 서로 협동하여 문제를 해결하는 학습방법이라 할 수 있다.

① 구성주의 학습의 특성

구성주의 학습의 특성을 크게 세 가지로 알아볼 수 있다(Resnick : 1989).

첫째, 학습은 지식의 구성 과정으로서 정보의 기록에 의해서 일어나는 것이 아니라 정보해석에 의해서 일어난다. 즉, 효과적인 학습은 학습자의 의도, 자기관리 조정, 정교화, 표상적인 구성화 등에 달려 있다. 교수행위 는 진행되고 있는 지식의 구성과정에 개입되어서, 학습자가 지식을 구성 해나가는 과정을 위하여 정보를 제공하여야 하며, 지식 구성화 과정을 활 발하게 자극하고 지식 구성을 위한 전략을 가르쳐 주어야 한다. 이는 교수 학습전략의 초점이 학습자이며 학습자가 주체가 되어야 하고, 그 초점이 다시 이를 반영하는 학습환경 전체로 확대되어야 한다는 의미이다.

둘째, 학습은 기존 지식에 의존한다. 사람들은 새로운 지식을 구성하기 위해서 현재의 지식을 사용하는데, 이러한 지식 형성과정은 학습자가 어 떻게 그의 경험이나 능력을 학습에 투입하는가에 관한 학습자의 개인 차 에서 영향을 받는다. 이 차이를 결정하는 개인 차로는 학습자의 일반적인 학습전략과 학습자의 특정영역에서의 선수지식 등이 있다. 메타 인지적 능력이나 동기 등도 개인 차의 변인으로 적용될 수도 있다.

셋째, 지식이란 지적, 물리적, 사회적 맥락에 의존하기 때문에 학습이란 실제관련 상황에서 연습하고 습득되어지는 것이 바람직하다. 따라서 상황 연습이 효과적인 교수 형태이다.

② 구성주의와 교수설계

행동주의와 인지주의가 본질적인 측면에서 객관주의이며 관리 가능한 청크(chunk, 덩어리, 상당한 양, 덩어리로 나누다 등의 뜻을 가지고 있다)로 나누어 과제를 분석하는 연습을 지원하고, 목표를 세우고 이런 목표를 기반으로 수행을 측정한다. 이에 반하여, 구성주의는 학습의 방법과 결과에서 학습자의 개별 학습경험에 대해 보다 초점을 맞추고 있어서 학습자 개인별에 대한 학습효과를 쉽게 측정할 수 없다. 이는 행동주의와 구성주의가 이론적인 관점에서 매우 다르지만, 인지주의는 구성주의와 비슷한 점을 공유하고 있다.

그것들의 양립 가능성은 컴퓨터 구조가 인간의 생각과정을 모사하고 있다는 데에서 시작된다. 구성주의 관점에서는 정보를 구조화하여 제시하는 것이 아니라 학습자로 하여금 이런 정보를 재구성하여 자신의 지식을 만드는 것을 중요시하기 때문에 학습을 촉진할 수 있는 학습환경 설계를 중요시한다.

4) R. M. Gange & L. J. Briggs의 교수설계 이론

Gange & Briggs(1979)의 교수설계 이론은 인간학습의 특성에 대한 Gange의 연구에 기초를 두고, 인간학습의 개념을 조직화하여 미시적 수준에서 교수설계를 계획하는 메커니즘을 제공한다는 이론이다. 한편 학습위계의 개념은 거시적 수준의 교육과정을 설계 개발하는데 기본적인 요소라 할 수 있다.

Gange & Briggs 이론의 특징으로는 교수와 학습에 관한 광범위한 지식을 하나의 교수설계 이론으로 통합하는 것과 인지, 태도, 운동기능 영역을 포괄적으로 다루고 있어 적용범위가 넓다는 데 있다.

① 학습의 범주

학습이란 학습자가 어떤 과제를 수행하기 위해 특정한 능력을 획득하였을 때 그 결과로서 일어나는 학습된 능력 즉, 언어정보(verbal information), 태도(attitudes), 지적기능(intellectual skills), 운동기능(motor skills), 인지전략(cognitive strategies)과 같은 다섯 가지 범주의 학습된 능력은 각각 다른 능력과 수행을 나타내고 있다. 이 각각의 개별능력들이 서로 다른 방법으로 학습이 되어진다는 것이다.

② 학습의 조건

다양한 유형의 학습결과들이 달성되기 위해서는 다양한 학습조건 즉, 유형별로 적절한 학습조건을 설정하여야 한다. 이와 같은 관점에서 Gange는 학습의 조건을 내적 조건과 외적조건으로 분류하였다.

여기서 내적 조건이란 현행학습에 필수적이거나 보조적인 것으로서 학습자가 이전에 습득한 선수능력들의 회상이나 획득을 말하며, 외적조건이란 학습자 외부의 교수 사태를 통해서 학습자의 내적 인지과정을 활성화시켜가고 보조해 줄 수 있는 다양한 방법들을 말한다.

③ 학습내용의 선정과 계열화

Gange & Briggs의 교수설계 이론은 학습의 범주 및 조건 등에 바탕을 두고 학습을 효과적, 효율적으로 수행하기 위한 구체적인 전략들을 제시하고 있다.

첫째, 어떤 내용을 선택하여 가르칠 것인가에 대한 내용으로 새로운 내용을 배우기 전에 반드시 습득하여 기억해야 하는 선수학습능력과 무엇을 가르칠 것인가를 구체적으로 제시해 주는 것으로, 상황, 대상, 행동, 도구 및 제약조건, 학습된 능력의 구성요소를 가지는 학습목표 등으로 구분된다.

둘째, 다양한 학습상황에서 소정의 목표를 달성하기 위해서는 적절한 교수방법이 제시되어야 하는 미시적 수준이 계열화인 교수사태가 있다.

여기서 교수사태란 Gagne의 학습과정 9단계의 내적 인지과정으로 설명한 내용으로서, 이를 도울 수 있는 구체적인 순서를 가진 교수방법의 절차를 말한다.

④ Gagne의 9가지 교수사태

Gagne의 9가지 교육사태에 대한 주요 항목으로는 주의집중, 목표제시, 선수학습 상기, 자극자료의 제시, 학습안내, 성취수행 유발, 성취수행에 대한 피드백, 성취도 평가, 파지와 전이 증진의 항목으로 구별된다.

그에 대한 세부 내용은 [표 40]과 같이 제시될 수 있다.

[표 40] Gagne의 9가지 교수사태

주의집중	여러 가지 방법으로 주의를 환기시키는 것으로 선택적 지각을 돕는다.
목표 제시	학습자에게 학습이 끝나면 무엇을 할 수 있게 된다는 기대감을 실어주어 동기유발을 도모하고, 효율적인 인지전략을 선택하도록 하는 것이다.
선수학습 상기	기초학습이나 하위기능을 상기시켜 본 학습과제의 이해를 높이기 위함이다.
자극자료의 제시	학습과제 자료 또는 교재를 제시하는 것으로, 성취하고자 하는 학습목표에 적절한 자극자료를 적절한 자료형태로 제시하는 것이다.
학습안내	탐구하여 발견학습이 되도록 질문하고, 단서를 주고 암시를 주는 것이다.
성취수행 유발	새로 배운 것을 시범해 보도록 하는 일이다.
성취수행에 대한 피드백	학습자가 수행한 성취행동의 정확성을 확인시켜주는 것이다. 즉, 이 피드백으로 학습자가 성공적인 것을 알면 강화가 일어난다.
성취도 평가	학습자가 학습목표에 만족하게 도달했는가의 여부를 판단하는 것이다. 즉, 적절한 성취수행이 불가능하다면 보충적 학습안내가 필요하다.
파지와 전이증진	학습한 것을 더욱 확고히 하기 위해서 연습을 시키고 생소하고 다양한 상황을 마련하여 적용의 기회를 줌으로써 전이효과를 높인다.

출처 : 김형립(1999), 《교수학습이론》

5) 정교화의 이론(Elaboration Theory)

교수내용을 선택(selecting), 계열화(sequencing), 종합(synthesizing), 요약(summarizing)하기 위한 적절한 방법을 제공하려고 하는 거시적 수준의 조직이론이다.

① 정교화 이론

교수내용을 대표하는 일반적이고, 간단하며, 구체적인(아이디어×원리) 정수(epitome)로 시작하여, 점차 구체화되고 세분화되면서 이미 제시된 일반적이며, 간단하고 기초적인 내용을 정교화시켜나가는 이론을 말한다.

② 정교화 이론의 위치

학습자가 자신의 인지구조를 의미 있고, 서로 연결된 아이디어의 체계로 구성하도록 도와주는 것으로 정교화 이론이 제시하는 교수내용의 선택, 계열화, 종합, 요약에 관한 전략들은 교수 설계자들에게 구체적인 처방전을 제시하는 것이다. 또한 학습자 스스로 학습내용을 선택하고 계열화시킬 기회를 제공하는 것이다.

③ 정교화 이론의 7가지 교수설계 전략

정교화 이론의 7가지 교수 설계전략은 첫째, 정교화된 계열화 둘째, 선수학습요소의 계열화 셋째, 요약자 넷째, 종합자 다섯째, 비유 여섯째, 인지전략 활성화 일곱째, 학습자 통제양식 등이 있다. 이에 대한 세부 내용을 다음과 같이 나타낼 수 있다.

첫째, 정교화된 계열화는 교과내용 중에서 가장 단순화하고 기본적인 사상들로 이루어진 내용을 발췌한 정수(epitome)로 시작하며, 그 후 개요를 부분별로 세분화한 좀더 상세한 내용으로 점진적으로 정교화하면서 제시한다.

또한 계열화를 위해 가장 중요한 원리는 단순 - 복잡의 순서로 학습내용을 단순 - 복잡의 계열화를 이루게 된다.

여기에서 제시된 정수(epitome)화란 일반적인 아이디어나 원리를 제시하되 그에 따른 구체적인 예나 연습의 기회를 제공해야 하는 것이며, 교과내용의 특성에 따라 3가지 유형의 정교화로 구분될 수 있다.

ⓐ 개념적 정교화로서 가르쳐야 할 내용을 인지구조에 유의미하게 동화시키는 방법으로 개념을 상위, 등위, 하위개념 등으로 분류하거나, 가장 중요하고 포괄적이고 근원적인 개념으로부터 점진적으로 보다 상세하고 포괄성이 적은 개념의 순서로 계열화를 하거나, 기타개념, 내용 및 선수학습 요소를 작성된 교수 계열상에 관련하여 적절히 배치하는 것이다.

ⓑ 절차적 정교화로서 목표인 절차적 기술 즉, '어떻게?'라고 하는 기술을 획득하는 최적의 과정을 계열화하는 것으로 해당과제의 가장 단순한 형태, 최단코스를 모색하고 단순화된 절차로 명세화하거나, 또는 가장 중요하고 포괄적이며 근본적인 것을 처음에 도입하고 이어서 점진적으로 복잡한 것을 포함하는 것이라 한다

ⓒ 이론적 정교화로서 교수내용의 근거를 따져보면서 '왜?'라고 하는 질문에 답을 얻고자 하는 이론적인 내용을 경우에 적용하는 것으로, 가르쳐야 할 원리들의 폭과 깊이를 명세화하며, 가장 먼저 가르쳐야 할 원리를 확인하고, 다음에 제시된 원리를 확인하며 또한 원리나 이론이 발견되었던 그 때의 과정을 따라 교수계열을 고안하는 것이다.

둘째, 선수학습요소의 계열화는 개념적 조직은 가장 쉽고, 친숙한 개념들로 조직된 내용을 먼저 제시하며, 절차적 조직은 각 단계의 수행에 필요

한 단계별 기법들을 순서대로 제시하며, 이론적 조직은 가장 단순한 주요 조직내용을 우선적으로 제시한다. 주요 조직내용과 가장 관련이 있는 부분에 보조내용을 제시하며, 선수학습 요소는 필요로 하는 학습내용 바로 앞에 제시한다. 또한 등위의 개념들은 함께 묶어서 제시하며, 절차학습을 하기 전에 절차과정을 이해하는데 도움이 되는 원리를 먼저 제시하는 것이다.

셋째, 요약자란 지식의 유형과 관계없이 한 단원의 주요 아이디어들과 예문, 평가문항 등을 진술하게 제시해 주는 것으로서 학습단원 요약자와 교과 전체 요약자가 있다.

넷째, 종합자는 아이디어를 서로 연결시키고 통합시키기 위하여 사용되는 전략요소를 말하는데, 지식의 유형에 따라 일반성, 통합적으로 학습단원 종합자와 교과 전체 종합자가 있다.

다섯째, 비유는 새로운 정보를 친숙한 아이디어들과 연결시켜서 새로운 아이디어를 좀 더 쉽게 이해할 수 있도록 도와주는 전략 요소이다.

여섯째, 인지전략 활성자란 인지전략을 자극하는 것으로 내재된 전략 활성화(그림, 도식, 기억술, 비유 등의 제시)와 분리된 전략 활성화(그림, 도식, 비유 등을 제시하지 않고 학습자 스스로 만들어 보도록 유도하는 지시문제시)가 있다.

일곱째, 학습자 통제는 단순 - 복잡의 정교화된 계열화를 통해 학습자는 자신에게 가장 흥미 있는 개요정리나 다른 단원을 선택할 수 있게 되며, 다음에 학습해야 할 것을 선택할 수 있게 해 준다. 요약자, 종합자, 비유, 인지전략, 자극자 등의 전략을 통하여 학습자 스스로 교수전략 및 인지전략을 선택하고 계열화할 수 있게 해 준다.

3. 교수계획

교수계획이란 강사가 수강생의 특성과 교수내용에 맞는 교수방법을 고 안하여 최대의 효과를 보려는 노력의 과정으로, 이 과정의 산물은 구체화 된 교수목표, 목표 달성에 필요한 체계적인 교수내용과, 그 내용을 효과적 으로 가르치기 위한 처방적인 교수방법과 전략들이다. 보다 구체적인 교 수의 조건, 교수의 방법, 교수의 결과에 대한 상호관련성은 다음과 같이 정 리하여 제시할 수 있다([그림 22]).

(1) 교수계획의 과정

교수계획의 과정에 대한 구성요소로는 수강생의 특성파악, 교수목적 및 목표의 설정, 교수내용의 선정 및 조직, 교수방법의 선정, 교수전략의 고안, 교수자료의 개발, 예행연습 및 평가 등을 통하여 교육프로그램의 완성과 교안의 완성을 이루게 된다.

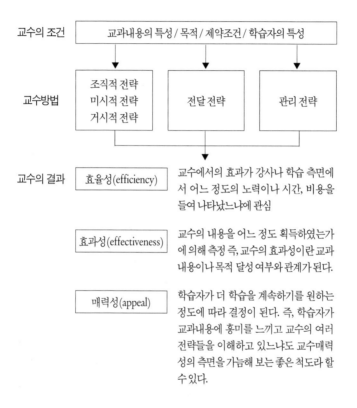

[그림 22] 교수방법과 전략에 대한 상호관련성

교수계획의 구성요소에 대한 세부 내용은 다음과 같다.

첫째, 수강생의 특성파악에서는 일반적 특성파악과 구체적 특성파악이 있는데, 일반적 특성파악은 수강생의 수, 성별, 교육정도, 나이 등의 정보 및 일반적 학습심리에 대한 정보와 업무부서, 근속 연수, 경험 등의 내용이 있다. 구체적 특성파악 부분의 주요 내용으로는 가르치고자 하는 교수내용에 대한 지식 정도 즉, 선수학습 능력 정도와 학습동기의 수준 정도라 할 수 있다.

둘째, 교수목적 및 목표의 선정에서는 가르치고자 하는 수준이 결정되면 구체적으로 학습목표를 진술하여야 하는데, 구체적으로 설정된 학습목표는 수강생은 물론 강사에게 일련의 교수활동을 통하여 도달하여야 하는 결과를 명확히 제시하여 주며 교수활동이 나아가야 할 방향을 분명하게 보여준다. 학습목표는 가르치고자 하는 내용에 따라 구체화될 수 있는 정도가 다르며 그에 대한 영역으로는 인지적 영역, 정의적 영역, 신체 기능적 영역으로 구분하여 설명할 수 있다. 각 영역에서 인지적 영역의 구성요소는 지식, 이해, 적용, 분석, 종합, 평가이며, 정의적 영역에서는 감수(Receiving), 반응, 가치화, 조직화, 성격화이며, 신체기능적 영역은 지각, Set, 안내된 반응, 메커니즘, 복합적 반응, 적응, 참조 등으로 구성되어 있다. 여기서 인지란 사실적 정보, 개념, 원리 등 사고를 요하는 지적 내용을 가르치는 강의의 목적을 포함하는 것이다. 정의란 가치나 태도를 가르치고자 하는 교수의 목적이 포함되는 것이며, 신체란 운동기능이나 기술훈련을 하고자 하는 교수의 목적이 포함된다.

셋째, 교수내용의 선정 및 조직에서는 내용관련 자료의 수집 및 선정과 교수내용의 조직 등으로 구분하여 설명되어 진다. 내용관련 자료의 수집 및 선정이란 학습목표를 달성하기 위하여 강사는 필요한 교수내용과 그와 관련된 예시문, 기타 자료를 수집하여 분석하여야 한다. 이를 위하여 강사는 기존의 교재 및 각종 지침서, 참고도서를 참조할 수 있으며 아울러 각종 학술지, 잡지 및 전문서적들을 읽고 분석·정리해야 한다.

한편 교수내용의 조직이란 내용상의 특성 및 수강생의 특성에 따라 강사가 가르쳐야 할 내용의 순서를 정하는 일이다. 이때 내용의 분석이 이루어져야 하는데, 크게 내용이 위계적 성격을 가진 경우 유용한 위계적 분석전략과 단계적 성격을 가진 경우 쓰이는 과정 분석전략, 그리고 이 두 전략의 복합형태인 종합적 전략의 세 가지가 있다.

넷째, 교수방법의 선정이란 수강생의 특성, 학습목표와 내용에 맞도록 적절한 교수방법을 선택하는 것이다. 어떠한 교수 자료 및 매체들이 사용되어야 하는가 하는 것도 이때 결정된다. 일반적으로 커뮤니케이션의 유형에 따라 교수방법은 강의형, 토론형, 독립형, 개인교수형, 실험형으로 분류된다.

다섯째, 교수전략의 고안에서 교수전략이란 교수내용을 보다 효과적으로 전달하기 위하여 강사가 활용할 수 있는 아이디어이며, 교수 전(pre-Instructional) 활동, 교수(Instructional) 활동, 교수 후(Post-Instructional) 활동으로 구분될 수 있다.

여섯째, 교수자료 개발은 교수방법의 선택과정에서 결정된 각종 교수자료 및 매체들을 수집하거나 개발하는 작업으로 또 하나의 교수계획 과정이다. 교수현장에서 사용될 각종 자료들은 학습목표와 내용에 맞게 논리적으로 구성되고 수강생의 수준을 고려하여 흥미로우면서도 명확하고 구체적으로 개발되어야 한다.

일곱째, 예행연습 및 평가는, 앞의 모든 과정을 거쳐 나타난 각종 정보 및 결과물들은 그를 바탕으로 한 강사의 연습 및 일련의 평가과정을 거쳐 검토되어야 한다. 강사가 예행연습을 할 때는 특히 교수방법 및 전략의 선택 등이 학습목표와 내용에 맞는가를 확인하여야 한다. 또한 수강생의 수준에 맞는 목표 및 내용여부를 위해서는 수강생 평가를 소규모에서나마 실시하는 것이 필요하다. 각종 교수자료들의 질적 검토는 수강생과 동료 강사와 함께 이루어질 수 있다.

4. 교안 작성요령

(1) 포함해야 할 항목

교안 작성에서 교안에 포함되어야 할 항목으로는 목표, 내용, 판서, 요약, 시간배분, 시청각자료, 기타 교수활동 등으로 구분하여 제시할 수 있다. 여기에서 목표는 '무엇을 이해 또는 습득시킬 것인가'이며, 내용으로는 도입, 전개, 종결의 3부로 나누어져 구성한다. 판서에서는 '무엇을 판서할 것인가'를 정의해야 하며, 요약에서는 '강조점이 무엇이며 요약은 어떻게 할 것인가'를 알아야 한다. 또한 시청각자료는 자료명과 활용방법 등을 습득하여야 하며 기타 교수활동에서는 질문, 예화(例話)를 비롯해 통계, 인용, 유머 등을 별도로 표시해 두어야 한다.

(2) 교안의 필요성

가르치고자 하는 내용에 대한 교안의 필요성은 순서 있게 강의하기 위해서이며, 중복과 누락 없이 강의하기 위함이며, 배정시간에 맞게 강의하기 위함이다. 아울러 보조자료의 활용을 잘하기 위하여 교안의 작성이 절대적으로 요구된다고 하겠다.

(3) 교안의 작성원칙과 구성

교안의 작성원칙으로는 구체적이고 명확해야 하며, 쉽고 실용적이어야 한다. 또한 논리적 및 체계적이어야 한다.

한편 교안의 구성에서는 교안 표지와 교수계획 서술란과 강의내용 기재란 등으로 세부화할 수 있다.

교안 표지에는 과목명과 과정명/강사명이 일반적으로 포함되어야 하며, 교수설계 서술란에는 교육목적, 교육목표(기대효과), 교육보조자료, 참고자료(지도계획) 등이 구성되어야 한다. 또한 강의내용 기재란에는 도입단계, 전개(본론)단계, 종결단계로 구분하여 각 단계에 맞는 내용을 포함하여 구성하여야 한다.

5. 교수방법

교수방법에서는 교육목적과 방법의 관계, 효과적인 교수방법에 대한 내용을 구분하여 알아보기로 하자.

(1) 교육목적과 방법의 관계

교육목적과 그에 대해 주로 사용되는 방법에 대하여 알아보면 지식교육 목적에서는 강의법, 사례연구, 토의법이 사용되며, 기능교육 목적에서는 RP, OJT, 실천훈련법이 사용되며, 태도교육 목적에서는 RP, OJT, 토의법 등이 사용된다. 또한 문제해결교육 목적에서는 사례연구, 문제해결, 토의법, 게임방법 등이 사용되며, 창의능력개발교육 목적에서는 아이디어 창출법 등의 방법들이 사용된다.

(2) 효과적인 교수방법

효과적인 교수방법은 교육훈련 방법과 학습자의 능력, 태도, 지식의 정도에 따라 다양하게 활용되고 있다. 교육훈련 방법에 따른 지식교육, 태도변화, 문제해결능력에 대한 상호 비교표를 통하여 종합적인 성인교육에 합당한 교육훈련방법을 적용, 활용하고 있다.

학습자들에게 가장 효율적인 교육훈련방법에 대한 내용은 [표 41]과 같이 상호 비교로 제시할 수 있다.

[표 41] 교육훈련방법과 효과 비교

교육훈련방법	지식교육	태도변화	문제해결능력	종합순위
사례연구	4	4	1	3
회의토의	3	3	3	1
강의	2	6	5	4
모의교육	8	5	2	5
시청각교육	7	7	8	8
프로그램교육	1	9	6	6
역할연기	5	1	4	2
감수성훈련	9	2	7	7
텔레비전강의	6	8	9	9

(3) 교수법 장단점 이해

교육훈련방법에 대한 다양한 교수법에 대한 강의식 교수법, 분임토의식 교수법, 역할연기법, 사례연구법 등에 대하여 보다 자세히 알아보기로 하자.

1) 강의식 교수법

강의식 교수법에서는 강의의 목적, 강의법의 유의점, 강의의 특성, 강의법 이용의 조건, 강의장 내의 조건과 강의 효과, 강의식 교수법 등이 활용된다. 이때 강사가 유의할 점 등에 대한 내용은 다음과 같이 기술할 수 있다.

① 강의의 목적으로는 정보를 체계적으로 정리해서 학습자에게 제공하고자할 때, 문제점을 파악하고 명확히 알고자할 때, 어떤 집단을 격려와 고무하고자할 때, 여러 견해를 분석하고자할 때, 계속적인 연구를 하도록 독려할 때, 지난 일을 재검토하고 앞으로 일어날 일을 사전에 검토하고자 할 때 등이 있다.

② 강의교수법의 유의점으로는 강사가 하는 말은 누구나 일상생활에서 쓰고 있는 대화체이어야 하며, 강사가 말하는 자세는 극히 자연스러워야 한다. 또한 강사는 교육생이 이해하기 쉬운 방법으로 말해야 하며, 중요한 것은 강사와 교육생 사이에 대화가 이루어져야 한다.

③ 강의의 특성(장·단점)에 대한 내용은 [표 42]와 같이 나타낼 수 있다.

[표 42] 강의의 장·단점

장점	단점
-모든 교육방법의 기본 -비교적 단시간 내에 여러 가지 구성 제시 -추상적 개념교육에 적합(사상, 철학…) -대집단교육에 유익하고 편리 -논제를 소개하는데 적합 -새로운 과업 및 직무(작업) 단위의 도입 및 학습동기 유발 유효 -타 교육방법으로 얻기 곤란한 정보 제공 가능	-교육생 참여도의 소극적인 우려(지속적 주의집중 곤란) -시험 전 학습성과 측정 곤란 -개인 차를 고려한 학습지도 곤란 -행동적 요소를 포함한 기능분야 교육 곤란 -문제해결에 대한 능력 연마 기회 부족 -계속적인 받아쓰기 연습에 그칠 수 있음 -강사 위주의 교육으로 교육생의 이해에 어려움이 있음 -강사에게 탁월한 화술 필요 -교육생의 의사가 전혀 무시된 일방통행 -교육생이 다 기억할 수 없다 -오감 중 주로 청각에만 호소하는 방법

④강의법 이용의 6대 조건으로는 첫째, 교육생이 이미 어떤 동기를 가지고 있을 때 동기자극은 외부적으로는 포상이며, 내부적으로는 교육생 자신이 필요로 느끼는 것이다. 둘째, 단시간 내에 많은 정보를 전달할 필요가 있을 때이다. 셋째, 교육생의 경험수준으로 보아 강사의 말을 이해할 만할 때이다. 넷째, 강사가 교육생들이 기지고 있지 않는 비상한 통찰력이나 남다른 정보를 가지고 있을 경우이다. 다섯째, 청중들이 다른 교수법을 쓰기에는 너무 많을 경우이다. 여섯째, 강사가 강의에 필요한 기술을 익힌 사람일 경우에 해당된다.

⑤ 강의장 내의 조건과 강의효과에서 강사의 정 위치는 교탁이다. 교탁과 흑판의 거리는 될 수 있으면 가까워야 하고, 교단은 낮을수록 좋다. 강사의 위치와 수강생의 위치는 너무 멀지 않아야 한다. 또한 교육생이 좌석에 흩어져 있으면 안 되며, 모두 강사를 향해 앉아 있어야 한다. 이때 토론의 형식으로 마주 앉아 있으면 안 된다(강의식 교수법인 경우). 강의장이 교육생 수에 비해서 너무 크면 안 되며, 가능한 한 시간초과를 하지 말아야 한다. 강사는 학습자들에게 조급한 행동을 보이지 말아야 하며, 강의를 하면서 지속적으로 시간을 의식하고 있어야 한다. 더불어 일단 종료시간이 되면 강사는 질문의 유무를 확인하거나 요약을 다시 하거나 불필요한 말을 추가할 필요 없이 교육장을 나와야 한다.

⑥ 강의식 교수방법 사용시 강사가 유의해야 할 사항으로는 정시에 시작하여 정시에 끝마쳐야 하며, 자신이 말하고자 하는 것을 정확히 파악하여야 한다. 또한 보조자료를 준비해두어야 하며, 강의는 간단하게 요점을 전달해야 한다. 한편 신빙성 있고 열정적으로 명확히 말해야 하며, 시청각 자료를 사용해야 한다. 아울러 교육생들에게 발표할 수 있는 기회를 주고, 거기에 귀를 기울여야 한다. 교육이 한시간 이상 계속되면 휴식을 제공하여야 하

며, 학습자들이 결론이 무엇인지 명확히 일도록 해야 한다. 더불어 학습자들에게 군림하려 들지 말아야 하며, 강의주제를 이탈하여 다른 곳으로 몰고 가지 말아야 한다. 교육생들의 반응이 좋지 않다고 해도 당황하지 말아야 하며, 누구든지 놀림감을 만들지 말아야 한다. 끝으로 학습자들끼리 논쟁을 벌이도록 놓아두지 말아야 하며, 억지로 웃기려고도 하지 말아야 한다.

2) 분임토의식 교수법

분임토의식 교수법에서는 분임토의 진행절차, 분임조 편성, 참가자 유의사항 등에 관하여 알아보기로 한다.

① 분임토의 진행절차로는 분임조 편성(분임장 및 서기 선출) 후 분임토의(서식화)를 실시하고 차트작성을 통해 발표연습을 실시하여 발표(브리핑)와 질의응답을 한 후 강평 순으로 진행절차가 이루어지면 된다.

② 분임조 편성에서는 구성 인원은 6~10명이 적당하며, 조직단위별로 구성하되 계층별 구성도 병행되어야 한다. 이때 구성인원의 의식수준, 경험 등이 상호 비슷하여야 한다. 구성원간 너무 격차가 나는 사람들이 모이면 의사소통이 되기가 힘들기 때문에 문제해결이 어렵고 힘들어 진다. 여기에서 선출된 분임장은 개인적인 의견제시를 억제하며 다른 구성원들의 발언에 대한 해석이나 비판을 금지하여야 한다. 또한 구성원 전원이 균등하게 참가토록 유도하며, 발표자는 요점만 간략하게 발언하도록 사전에 강조하여 심도 있는 토의가 진행되도록 분위기를 조성하여야 한다. 한편 구성원간 대화가 잘 이루어지지 않을 경우에는 자신의 의견을 털어놓을 수도 있다. 이와 더불어 서기는 토의 진행과정의 기록을 하는 것이 주요 임무로서 차트에 기록시 가급적 서술식으로 기록하며, 전문용어는 가급적

피하여 작성하여야 한다.

③ 참가자 유의사항에서는 발표 담당자의 유의사항과 토의 참가자 유의사항, 질문시 유의사항으로 구분하여 알아보면 다음과 같이 나타낼 수 있다.

첫째, 발표 담당자의 주의사항에서는 집단토의 결과를 소개하는 대행자로서의 자세 수준이어야 한다. 이때 청중을 향한 고른 시선을 배분하며, 차트의 위치, 방향, 장애물을 배려하며, 어조, 음성, 발음, 전개순서에 대한 주의, 제스처, 연단 태도, 차트 넘기기, 사전의 충분한 연습 등이 발표 담당자들이 기본적으로 주의해야 할 사항이라 볼 수 있다.

둘째, 토의 참가자 유의사항으로는 토의주제와 목적에 대한 정확한 인식이 있어야 하며, 부정적 표현을 제거하고 적극적인 청취태도와 타인의 의사 존중이 있어야 한다. 토의규칙의 준수, 타인이 말할 때는 그 얼굴과 눈을 주시하고 긍정적인 표정으로 하며, 남의 말을 가로막거나 중간에 끊고 달려들지 말아야 한다. 사람을 지적할 때는 턱이나 손가락으로 하지말고, 짧고, 쉬운 말을 통하여 발언의 기회를 얻도록 한다. 타인과 자신의 말에 대한 요점을 정리하며, 다른 사람이 나와는 다른 생각을 할 수밖에 없다는 것은 자연스럽고 당연하다고 받아들여야 한다. 그리고 감정적인 충동에 휘말려서 속단하거나 흥분하지 말고, 강조할 내용일수록 낮은 목소리로 천천히 하며, 목적에서 크게 벗어나는 화제들이 연속되면 객관적인 입장에서 판단하여 주제의 핵심을 갖도록 권고한다.

셋째, 질문시 유의사항으로는 질문은 간단하게, 핵심은 명확하게, 공정타당하게 하여야 한다. 또한 질문의 효과를 고려하여 응답에 충분한 시간적 여유를 주어야 하며, 인신공격과 조롱하는 내용을 피하면서 전체 질문에 답변이 없으면 직접 질문을 할 수도 있다. 그 외에 이중질문이 되어서는 안 되며, 응답에 관하여 사의를 표함으로써 학습자들에게 적극적인 질문을 유도할 수 있어야 한다.

3) 역할연기법

역할연기법에 대한 내용으로는 역할연기법의 기초, 역할연기법, 역할연기법의 효과와 특성, 역할연기법의 장단점, 역할연기법의 진행절차, 역할연기법 검토시 주의사항 등에 대하여 알아보기로 한다.

① 역할연기법의 기초에서 역할연기법은 최근에 사례연구법과 함께 유효한 학습방법으로 활용되고 있다. 이 학습방법은 주로 세일즈맨 훈련이나 관리 감독자의 리더십 개발훈련에 활용되고 있다. 이는 상대에 대한 이해가 각각의 일(업무)을 성공적으로 하는지 어떠한지를 판가름하기 때문이다. 특히 상대에 대한 이해는 대단히 어려운 문제로서 여기에서 이해란 상대의 입장에 서서 생각하는 것이라 할 수 있다.

② 역할연기법은 현실에서 있었던, 또는 일어날 가능성이 있을 것이다라는 문제를 규명하여 그에 대한 문제의 원인, 배경, 개재(介在)하는 사람들의 입장을 분석하여 이해하고 개개의 역할을 통하여 그에 대한 개선점이나 해결점을 찾아 나가는 학습방법이라 할 수 있다. 또한 강의나 토의에서 배웠던 원칙, 방법, 기술을 연기에 적용하는 것에 의하여 체득된 학습이다. 보다 구체적인 내용으로는 원리, 원칙, 방법, 기술을 습득하기 위해서이며, 문제해결의 힘을 양성하기 위하여 또한 궁극적으로 타인의 행동심리에 대한 통찰력을 양성하여 자기의 행동이 상대에게 어떻게 작용하는가를 이해하는 커뮤니케이션 기능의 성장을 기대하는 데 있다.

③ 역할연기법의 효과와 특성은 지도에 대한 관심을 환기시킨다, 개인

의 약점을 명확히 한다, 알고 있는 것과 행하고 있는 것 사이에 생기는 골을 메운다, 타인의 감정을 감지할 수 있는 기술을 배운다, 사람에게 관대해지는 처신법이 가능하게 된다, 면접하는 데 대한 태도를 알게 된다, 자기 자신에 대한 태도를 알게 된다, 타인에 대한 태도를 알게 된다, 원리, 원칙을 예시하며 행동의 경향이 다양화하게 된다 등이다.

④ 역할연기법의 장단점과 진행순서 및 방법에 대한 내용은 다음과 같이 나타낼 수 있다.

첫째, 역할연기법의 장점으로 참가자의 참여도와 만족도가 높으며, 인상적인 교육을 실시할 수 있다. 그리고 다른 교육기법과 통합하기가 쉬우며, 감수성과 통찰력이 길러지는 장점 등이 있다.

둘째, 역할연기법의 단점으로 실제의 직책 특히, 상급자를 의식하기 쉬워 역할에 몰입하기가 어려운 경우가 있으며, 연기가 흥미 위주로 흐르기 쉽다. 또한 연기자의 공모로 박력이 부족하기 쉬우며 많은 시간을 필요로 하는 데 대한 단점 등이 있다.

셋째, 진행순서와 방법으로는 주제설정을 통해 시나리오를 작성하며, 그에 따른 역할분담(지도자, 연기자, 관찰자 등 선정)을 한다. 그런 다음 사전준비와 지도를 통해 연기를 실행하며 그에 대한 분석평가(의견 발표, 강평)의 진행순서로 이루어지게 된다.

⑤ 역할연기법의 진행절차

역할연기법의 진행절차는 당연히 문제를 분석하여 상대의 입장을 이해하는 부분과 연기(태도와 말하는 방법에 의하여 문제를 해결해 나가는 연기부문), 나아가서 연기에 나타난 문제의 분석을 하는 평가의 3가지 부분으로 나누어져 있다.

첫째, 문제의 상정에서는 목적과 장면과 역할을 명확히 하며, 그에 대한 분석을 통하여 어떻게 연기를 하여 문제해결을 진행시킬 것인가를 정하는 것이다.

둘째, 역할을 연기한다는 의미는 역할연기법의 연기자는 동의를 구하는 측과 동의를 부여하는 측이 있어 먼저 대면하여 주의를 끄는 단계인 접근(Approach)의 단계와 태도, 동작, 언어의 응답을 통하여 상대의 의지를 소통하는 단계를 말한다. 즉, 원활한 커뮤니케이션 기술로서 대화하는 법을 특히 중요시하는 서로 이해하는 단계, A의 제안 의견이 그 상대방 B가 가지고 있는 인식과 동일하면 좋은데, 상이한 경우에는 상호작용에 의하여 새로운 인식체계를 B 속에 강하게 세워야 하는 상호 승인 또는 반대하는 단계로 구분하여 제시될 수 있다.

셋째, 연기를 평가한다는 의미는 실연의 기록을 분석하면서 참가자 전원이 연기를 검토, 그 결과에 대하여 다시 문제해결을 위해 개선해야 할 점과 방법들을 명확히 하여 효과적으로 하는 것이다. 또한 이 연기를 평가하는 부분은 본 역할연기법으로서는 타 부분의 어떤 것에도 결코 손색없는 중요한 부분으로서 이 학습법의 타깃을 적합하게 확정하는 기회인 것을 잊지 말아야 한다. 역할을 교체하여 강연하면, 연기자는 두 개의 역할을 몸에 익히게 됨으로써 전체의 상황과 거기에 들어맞는 행동의 바람직한 것을 깊이 이해할 수 있다. 한편 실연의 기록을 분석하면서 참가자 전원의 연기를 관찰자가 검토하는 것을 평가라고 하는데, 이 검토는 단적인 연기자의 흠을 잡는 것으로 끝나지 않고 건설적인 의견이 나올 수 있도록 지도하는 것이 중요하다. 이를 위해서는 사전에 평가기준을 설정해 놓는 것이 필요하다.

⑥ 검토시 창안사항은 연기의 시작과 끝에서는 연기자간의 인간관계에

어떠한 상이함이 있었는가, 누군가의 일방적인 연기로 끝나지 아니했는가, 연기가 진행되면 상대의 역할을 연기하는 사람의 태도로 알 수 있다고 생각되었는지, 연기를 하는 방법을 개량하기 위하여 각자는 어떠한 의견을 가지고 있는가, 상대방의 마음을 움직이는 것은 연기자의 어떠한 태도였는가, 적의가 있는 반응이나 방어적 행동이 연기자에게 나타났는가, 또한 이를 제거하는 방법은 어떤 것이 있나, 연기자에 의하여 나타났던 행동의 여러 방법으로 문제가 해결되었는가, 해결이 안 된다면 다른 방법은 무엇인가, 연기자는 얼마만큼 성실히, 그리고 열심히 해당된 역할을 해냈는가, 연기자는 그의 역할을 완전히 수행하려고 했는가, 열의가 어떠했는지와 연기 전체에 대한 평가 등이 역할연기 검토시 착안사항이라 할 수 있다.

4) 사례연구법

사례연구법에 대한 주요 내용으로는 사례연구법, 사례연구법의 종류, 사례연구법의 효과특성유의점, 사례연구법의 진행절차 등이 있다. 이에 대하여 구체적으로 알아보기로 하자.

① 사례연구법이란 사례연구는 과거, 현재의 사실을 분석하여 이에 대한 해결책을 고찰하며, 의사결정을 행하는 등 문제해결적 능력을 개발하여 관리의 기초적인 고찰방법, 원리, 원칙, 방법 기술을 현 업무에 적용하고 접근시키려는 방법이다.

② 사례연구법의 종류로는 긴 문장과 복잡한 배경인 제너럴 매니저(general manager) 양식이, 주목적인 하버드(Harvard) 방식과 크지 않은 분량으로 현재 많이 사용되고 있는 소사례(Chicago) 방식, 처음에는 간단한 사례 제시 후 검토 및 상황에 맞추어 필요정보를 추가로 제시하여 분석 및

연구하는 Incident process, 시간 추이에 따라 사례분할, 현실적으로 현장에서 일어나고 있는 다이내믹한 문제해결 행동연구를 하는 경과사례법, Role Playing을 수반하는 사례연구법인 행동사례법, 미결상자의 많은 양의 서류, 메모 등을 일정 시간 내에 교육생에게 처리시키는 In-basket 기법 등이 있다.

③ 사례연구법의 효과특성유의점을 각각의 세분화를 통하여 알아보면 다음과 같이 기술할 수 있다.

첫째, 효과부분에서는 자유롭게 자주적인 사고방식을 습득케 하며, 문제 분석력과 판단력 등을 함양시키는 효과가 있다.

둘째, 특징으로는 앞으로의 행동에 이어지기 용이하며, 특정 상황 중에서 문제를 찾아내고 해결방안을 탐구해 가는 경험적인 수법이다.

셋째, 유의점으로는 사용 가능한 사례를 가능한 한 많이 확보해야 하며, 적절한 지도를 할 수 있는 전문강사(Instructor)를 확보해야 하며, 또한 물리적인 제약(인원 수, 돈, 시간 등)을 극복해야 한다. 교육생에게 사례연구(Case Study)방법의 의의를 이야기 해두어야 하며, 더불어 결론을 일반화하고 보편화해서 설명할 수 있어야 한다.

넷째, 교육생의 준수사항으로는 사례를 잘 읽어야 하며, 자신의 생각으로 명확하게 해야 한다. 또한 교육생은 부여된 상황 내에서 생각해야 하며, 토의에 임해서는 마음가짐을 존중해야 한다.

④ 사례연구법의 진행 절차에서 사례연구는 전형적인 문제학습이다. 그 과정은 기본적으로 문제해결의 과정이므로 사례의 종류에 의하여 다소 방법의 변화는 있으나, 기본적인 단계는 다음과 같이 제시된다고 할 수 있다.

문제를 발견한다는 1단계와 문제해결의 계획을 세우는 2단계, 문제점을 명확하게 한다는 3단계, 문제해결을 위한 계획을 검토하는 4단계와 문제해결에 대한 의사결정을 하는 5단계로 진행절차를 이루고 있다.

5) 촉진자(Facilitator)의 역할

다양한 교수방법에서 가장 중요한 요소인 촉진자(Facilitator)에 대한 정확한 역할과 집단토의의 관찰, 집단토의를 방해하는 행동, 팀 활동에 방해되는 행동을 다루는 기술에 대한 내용에 대하여 알아보기로 하자.

① 촉진자(Facilitator)의 역할은 그룹토의를 진행하며, 그룹의 필요사항을 검토하고 지원하며, 구성원들 사이의 갈등과 커뮤니케이션을 조정한다. 그리고 구성원들이 문제를 해결하고 효과적으로 의사결정을 하도록 도와주며, 구성원들이 서로 차이점을 인식하고 인정하도록 도와주며, 구성원들이 각자 긍정적이고 성숙된 경험을 하도록 안내를 한다. 이와 함께 구성원 각자가 그룹에 대한 책임감을 갖도록 도와주는 것 등도 주요 역할이라 할 수 있다.

② 집단토의 관찰의 주요 내용으로는 토의의 목표와 목적이 명확한가? 토의가 주제에서 벗어나지 않았는가? 토의내용이 체계적으로 전개되고 있는가? 모든 사람이 참여하고 있는가? 의견의 차이점을 찾아내고 있는가? 서로 적극적으로 참여하고 있는가? 상대방의 의견에 칭찬을 하고 있는가? 한 두 사람이 토의를 주도하지는 않는가? 의견 차이는 어떻게 해결하는가? 등에 대하여 관찰을 하여야 한다.

③ 집단토의를 방해하는 행동으로는 차단, 철회, 탈선, 인정받으려고 함과 끼여들기 및 의도를 숨김 등이 있다.

여기에서 차단(Blocking)이란 아집, 논쟁, 터무니없는 말, 지나간 이야기의 반복, 비난 등이라 할 수 있다. 또한 철회(Withdrawing)란 집단에서 이탈

되어 있거나, 다른 생각과 일을 하는 행동이나 또는 불필요한 대화를 나타낸다. 탈선(Deserting)이란 토의의 주제에 관련되지 않은 개인적 관심사나 잡담으로 이끌어 가는 행동을 말한다. 한편 인정받으려고 함(Seeking Recognition)이란 큰 목소리, 과장된 농담, 허풍, 혹은 비열한 언행 등으로 다른 사람의 관심이나 동정을 얻으려고 하는 행동을 말하며, 끼여들기(Interrupting)란 토의의 내용과는 엉뚱한 이야기나 화제로 토의진행을 방해하는 행위를 말한다. 또한 의도를 숨김(Hidden Agenda)이란 결코 명백히 말하지는 않는 개인적인 목표를 위해 토론이나 결정을 조정하는 행위를 말한다.

⑤ 팀 활동에 방해되는 행동을 다루는 기술에 대해서는 [표 43]과 같이 나타낼 수 있다.

[표 43] 팀 활동에 방해되는 행동을 다루는 기술

행동	행동하는 이유	대응
지나치게 말이 많다	●그 사항에 대하여 잘 알고 있거나 지나치게 열심이다	●어려운 질문을 던져 점차 조용히 하게 한다 ●가능한 그 팀원이 그 사람을 다루게 한다
매우 논쟁적이다	●전투적인 성격을 지니고 있다	●화를 내지 않도록 한다 ●다른 사람들이 계속적으로 의견을 내도록 한다 ●휴식시간에 개인적으로 그 사람을 만나 문제가 무엇인지를 알아본다
산만하다	●다른 주제에 집중한다	●그 행위가 지나치면 그 사람에게 적절한 요점을 재진술하게 하고 계속한다 ●단순히, 그 요점은 흥미롭다고 말하고 Flip-Chart를 그 사람이 요약하도록 시킨다
성격적 충돌	●두세 사람의 충돌	●불일치하는 점을 인식하고 가능한 한 그것을 최소화시킨다 ●주어진 일정에 집중하도록 주의를 준다 ●또 다른 구성원을 그 토론에 참여시킨다 ●그런 성격의 소유자를 토론에 배제해 달라고 솔직하게 요청한다

행동	행동하는 이유	대응
그릇된 주제	●요점을 놓쳤다	●주제가 불명료해진 것에 대해 책임을 지게 한다 ●Flip-Chart와 같은 시각자료를 사용하여 요점을 재진술 및 기술한다
고집이 세다	●그 주제에 대한 선입견	●그 참여자의 견해를 다른 사람들에게 제시하고 그들이 그 사람을 바로 잡아주도록 한다 ●후에 그 사람과 심도있게 토론할 것을 제의한다 ●그 참가자에게 잠시 동안 그 그룹의 견해를 인정해 달라고 제안한다
불필요한 대화	●주제에 관한 것이나 개인적인 내용	●그들 중 한 사람을 호명하여 쉬운 질문을 한다 ●한 사람을 호명하여 바로 전에 나온 의견을 반복해 주고, 그리고 그 사람의 반응을 요청한다 ●휴식이 필요한지를 결정하기 위해 Process-check를 요청하며, 그룹토의에 집중하도록 요청한다
말을 잘 알아 들을 수 있다	●생각을 말로 정확하게 표현하는 능력의 부족	●그 구성원이 당황하지 않도록 조심스럽게 다룬다 ●"무슨 말인지 알겠는데, 그 말을 …로 조정할 수 있을까요?"라고 질문을 한다
절대적으로 틀린 언급	●Topic을 잘못 이해하였다	●일반적으로 문제를 스스로 풀려 하지 말고, 그 그룹이 문제를 해결하도록 돕는다 ●그룹 내의 다른 구성원을 선택하여 응답하게 한다
당신의 의견을 요구한다	●당신에게 초점이 맞춰지지 않도록 한다 ●솔직하게 당신의 충고를 구할 수 있다	●"그러니까, 당신이 말하고자 하는 것은 …이지요"라고 말하지 말고 대신에 "제가 그 말을 다시 말해 드릴께요"라고 한다. 그리고 그 말을 좀더 이해할 만한 말로 바꾼다 ●원래의 아이디어는 가능한 한 바꾸지 말 되 그 아이디어들이 의미가 통하도록 한다
참여하기를 꺼려한다	●지루해하거나, 불안정하며 우월감을 느낀다	●그 구성원의 의견을 물어봄으로써 관심을 촉진 ●그 구성원의 옆 사람을 지적한 다음에 그 과묵한 사람에게 응답하도록 질문한다. 그 사람이 이야기 할 때 진지하면서도 미묘하게 그를 칭찬한다
과거담을 늘어놓는다	●공헌하거나 지배하기를 원하며, 드러내지는 않는 문제를 가지고 있고 인정받기를 원한다	●그 사람에게 현재 진행중인 토론에 집중할 것을 요청한다 ●그 팀이 현 상황을 다루어야 할 필요가 있으며, 과거에 의지할 필요가 없다는 것을 제안한다

교육훈련 평가

1. 교육훈련 평가란?

(1) 교육훈련 평가의 의의

교육훈련 평가란 교육훈련이 잘 되었는지, 잘못되었는지 그 여부를 정해진 교육훈련의 목적과 관련지어 측정하는 것이다. 이것이 잘 되었다면 무엇 때문인지, 잘못 되었다면 무엇 때문인지를 알아내어 반성하고 검토하여 다음 교육훈련을 보다 잘 하도록 하기 위해 피드백하는 일을 말한다.

(2) 교육훈련 평가와 측정의 차이점

교육훈련 평가란 교육의 결과를 목적과 관련지어 측정하고 피드백하는 것을 말하고, 교육훈련 측정이란 검사도구(종합테스트) 등을 이용하여 표준화된 위치(어떤 기준과의 비교)를 결정하는 작업을 말한다.

2. 교육평가의 필요성

교육평가의 필요성으로는 첫째, 교육훈련의 목표를 얼마나 달성했는지 (교육훈련의 필요점을 얼마나 충족시켰는지)를 정하기 위해서이며 둘째, 학습자들의 행동 변용을 측정하기 위해서이며(행동 변용이란 두 시점간의 비교로서 교육훈련 전후단계의 측정을 말함) 셋째, 교육훈련의 목표 달성 또는 행동 변용의 증거자료를 수집하고 입증하기 위해서이며 넷째, 교육훈련의 필요점, 계획, 내용, 방법, 강사관리 등 교육훈련의 전반적인 면을 반성하고 개선하기 위해서이다.

3. 교육훈련 평가의 기능

    교육훈련 평가의 기능으로서는 학습진행 및 실시결과의 진단 및 치료기능, 교육과정과 지도방법의 개선기능, 동기유발기능, 계획 및 관리방법의 개선기능, 생활지도기능, 교육수준의 유지기능, 인사제도 활용기능, 교육환경 및 강사평가기능과 학습촉진기능 등이 있다.

4. 교육훈련의 평가원칙

교육훈련에 대하여 아무리 좋은 평가방법을 선택하였더라도 실제로 활용하게 될 평가도구가 좋지 않으면 정확한 자료를 얻을 수 없다. 이와 같이 좋은 평가도구가 갖추어야 할 기본적인 조건으로는 타당도, 신뢰도, 객관성, 변별성, 실용성이 있어야 한다.

각 항목에 대한 주요 내용은 다음과 같이 정리할 수 있다.

첫째, 타당도(Validity)란 평가목적을 재고 있는 정도를 의미하는 것으로서 무엇을 평가하고 있는가와 평가할 것을 어느 정도 충실하게 평가하고 있는가에 대한 내용이다.

둘째, 신뢰도(Believability)란 정확성과 일관성의 유무로, 어떻게 평가하고 있는가? 정확하게 평가하고 있는가와 평가의 오차가 적어야 한다는 의미이다.

셋째, 객관(성)도(Objectivity)란 철저한 채점기준을 의미하는 것으로서 평가자의 편견이나 감정에 좌우되고 있지 않은가와 평가자의 주관적 판단의 오류를 범하지 않도록 과학적인가에 대한 내용이라 할 수 있다.

넷째, 변별(성)도(Discrimination)란 잘하고 있는 학습자를 가려내고 있는가에 대한 의미이다.

다섯째, 실용(성)도(Usability)란 시간과 비용 및 인력을 적게 들이고 쓸 수 있는가와 과중한 업무부담과 복잡한 절차가 없는가에 대한 내용이다.

5. 교육훈련 평가방법

　교육훈련에 대한 평가방법은 시기와 목적, 실시기준, 실시방법, 학습단계, 과정운영, 교육담당자, 투자효과 등이 있다. 이에 대해 다음 [표 44]로 알아볼 수 있다.

[표 44] 교육훈련 평가방법

구분	내용
시기와 목적	●진단평가(교육훈련 실시 전에 실시) ●형성평가(교육훈련 실시 중에 실시) ●종합평가(교육훈련 종료 후 실시)
실시기준	●상대평가 : 등위법, 유사동간법, 조합비교법 ●절대평가 : 숫자척도법, 기술척도법
실시방법	●주관식 평가 : 서답형(논문형, 단답형, 완성형) ●객관식 평가 : 선택형(선다형, 배합형, 진위형)

학습단계	●반응 : 질문지법, 평가회 ●학습 : 테스트(필답 및 실기 측정) ●행동 : 추후 평가, 인사고과 ●결과 : 필요점 조사, 현장성과 측정 ●ROI : 투자대비 회수율
과정운영	●질문지법 ●면담 ●감상 또는 소감 ●추후 평가
교육 담당자	●교육생의 반응 ●자체평가
투자효과	●필요점과의 비교 ●추후 평가 ●성과(생산량×단가) - 임금

6. 평가의 종류와 기능

　교육훈련에서의 평가는 요구조사, 프로그램 개발, 프로그램 실시, 프로그램 평가의 각 단계별로 적합한 평가의 종류와 기능을 대비하여 제시할수 있는데, 크게 진단평가, 형성평가, 총괄평가로 구분한다. 이에 대한 각단계별 범위와 기능은 다음과 같이 나타낼 수 있다.

　진단평가(Diagnostic Evaluation)는 요구 분석과 프로그램 개발에서 실시되는 평가를 말한다. 이는 개별화 수업과 관련된 중요정보제공이 주요 기능으로서, 교육을 받기 전 학습자의 선수지식이나 일반적 배경을 조사, 분석함으로써 요구나 기대에 부응할 수 있는 개별화 수업으로 정의할 수 있다.

　형성평가(Formative Evaluation)는 프로그램 개발과 프로그램 실시단계에 실행하는 평가를 말한다. 형성평가의 주요 기능은 학습목표의 점검에 있다. 이는 학습자가 학습 도중 주어진 학습목표나 학습내용을 의도대로 따라오고 있는지를 점검함으로써 문제점을 찾아내고 교정함으로써 의도했던 학습목표를 달성할 수 있도록 도와주는 데 있다.

총괄평가는 프로그램 평가에 대한 단계로서 교육목표 달성 정도를 판단하는 게 주요 기능이라 할 수 있다. 이것은 일정한 교육 프로그램을 이수한 학습자가 주어진 교육목표를 어느 정도 이해하고 있는지를 판단하는데 기초적인 자료로 제공할 수 있다.

7. 기업 평가의 접근모형 및 기업교육 평가모형

(1) 기업 평가의 접근모형

기업 평가의 접근모형으로는 결과지향적 관점과 과정지향적 관점으로 분류하여 접근모형을 알아볼 수 있다.

첫째, 결과지향적 관점에서는 목표지향적 관점과 의사결정지향적 평가로 구별되며, 목표지향적 평가는 교육목표가 교육과정과 교수프로그램에 의해 실제로 어느 정도나 구현되고 있는가를 결정하는 평가이다. 의사결정지향적 평가에서는 평가의 근본적인 목적인 교육목표 달성 정도를 판단하는 활동에 있기보다는 의사결정이 필요한 다양한 정보원을 규명해서 선택된 해결방안이 본래의 기대치에 어느 정도 부응하는지를 종합적으로 결정하는 것이다.

결과지향적 평가모형에는 커크패트릭(Kirkpatrick)의 4단계 모형과 필립스(Phillips)의 5단계 모형이 대표적이라 할 수 있다.

둘째, 과정지향적 관점에서는 탈목표지향적 평가와 통합적인 평가체계 모형으로 구분할 수 있다. 탈목표지향적 평가는 평가의 본질을 교육경험 또는 활동의 가치를 판단하는데, 초점을 지나치게 목표에 두게 되면 목표 이외의 교육에 대한 전반적인 활동을 과소평가 할 수 있기 때문에 자유로운 관찰과 반응에 기초하여 가치판단을 내릴 수 있게 하는 평가라 할 수 있다.

한편 통합적인 평가체계모형이란 고전적 평가모형이 각 준거간 인과관계를 설명하기 어려운 단점을 지적하고 교육성과에 영향을 미치는 여러 가지 요인과 하위 요인을 설정하여 각 요인 및 하위요인간의 인과관계를 설명하는 모형이다. 대표적인 과거지향적 평가모형으로는 미국의 CIPP(Context, Input, Process, Product)모형과 영국의 CIRO(Context, Input, Reaction, Outcome)모형이 있다.

(2) 기업교육 평가모형

기업교육 평가모형은 대표적으로 커크패트릭(Kirkpatrick)의 4단계 모형과 필립스(Phillips)의 5단계 평가모형으로 구분하는데, 이에 대해 알아보기로 하자.

첫째, 커크패트릭의 4단계 모형은 1959년과 1960년대 발표된 모형으로서, 현재 기업교육 평가에 가장 널리 사용되고 있는 모형이다. 많은 기업들이 이 모형을 기본으로 각자 자사의 특성에 맞게 변형하여 사용하고 있으며, 최근에는 4단계 모형에 포함되지 못하는 평가영역을 제기하여 모델적용의 한계를 지적하고 있다. 커크패트릭의 4단계로는 반응, 학습, 행동, 결과의 단계로, 각 단계별 구체적인 내용은 다음과 같이 제시할 수 있다.

① 평가단계의 정의

- 1단계(Reaction : 반응)는 교육과정에 대해 학습자들이 만족했는가, 교육 학습자들이 프로그램을 얼마나 좋아하였는가로 정의된다. 이것은 학급자들이 프로그램에 대한 느낌(감정) 측정(Customer satisfaction), 강사, 프로그램 자료, 교수기법, 교육내용 등에 대한 다양한 반응을 포함한다.

- 2단계(Learning : 학습)는 교육과정에서 무엇을 배웠는가, 학습자들이 교육/훈련의 결과로서 스킬이나 기술, 지식(원리, 사실) 등을 얼마나 향상·개선시켰으며, 또한 태도가 변화되었는가를 측정하는 단계이다.

- 3단계(Behavior : 행동)는 학습자들이 배운 대로 행동하고 있는가에 대한 내용으로서 학습자들이 교육훈련 중 학습했던 지식과 스킬 등을 직무에 적용하여 변화시켰는가를 평가하는 것이라 할 수 있다. 즉, 학습자들이 교육훈련 중 배운 것을 직무에 어느 정도 전이하였는가를 측정하는 것이라 할 수 있다. 교육훈련 중 배운 지식, 스킬 등이 교육이 종료된 후 일정시점에서 직무에 관해 적용되어진 지식, 스킬 등의 비교분석을 하는 단계인 것이다.

- 4단계(Result : 결과)는 조직에 긍정적인 영향을 주었는가에 대한 단계로서 교육훈련의 결과가 산출물, 생산성 증대, 원가절감, 품질향상 등 투자의 효과나 어떠한 양적인 측정에 근거하여 조직 및 사업에 어느 정도 영향을 미쳤는가를 측정하는 단계이다.

② 평가단계별 주요 내용

- 1단계(Reaction : 반응)는 학습자들이 교육프로그램에 어떻게 반응

했는가를 측정하는 것으로 고객만족도 측정이라 할 수 있으며 교육내용
과 강사 등에 대한 평가로서 설문지 및 인터뷰의 방법으로 교육목표에
대한 평가단계이다

- 2단계(Learning : 학습)는 프로그램 참여 결과 얻어진 태도변화, 지
식증진, 기술향상의 정도를 측정하는 것이며, 평가내용은 교육목표 달
성도이다. 또한 주요 평가방법으로는 사전/사후 검사비교, 통제/연수집
단 비교, 지필 평가, 체크리스트 등이며, 평가조건으로는 반응검사, 구체
적 목표, 교육내용과 목표의 일치 등이다.

- 3단계(Behavior : 행동)는 프로그램 참여 결과 얻어진 직무행동 변
화를 측정하는 것으로서 학습내용의 현업 적용도가 주요 평가내용이다.
또한 주요 평가방법으로는 통제/연수집단간 비교, 인터뷰, 설문지, 실
행계획, 관찰 등이 있다. 더불어 평가의 조건으로는 반응, 성취도 평가
의 긍정적 결과, 습득한 기능에 대한 정확한 기술, 필요한 시간, 자원 등
이다.

- 4단계(Result : 결과)는 훈련결과가 조직의 개선에 기여한 정도를
투자 회수율에 근거하여 평가하는 개념이며, 평가내용으로는 교육으로
기업이 얻은 이익이 어느 정도인지를 산출하는데 있다. 또한 평가방법으
로는 통제/연수 집단 비교, 사전/사후 검사비교, 비용/효과고려 등이 있
으며, 평가의 조건으로는 이전 3단계에서의 긍정적 결과라 할 수 있다.

여기에서 특히 주의해야 할 항목으로는 1~3단계는 개인차원의 평가이
며, 4단계는 조직차원의 평가라 볼 수 있다.

③ 평가수준(단계)별 자료수집 시기와 평가도구

훈련활동에 따른 평가수준과 자료수집 시기는 크게 예비조사, 진행중인

훈련/교육, 현직업무수행, 조직에의 영향력으로 구분하여 평가수준과 자료수집 시기가 제시될 수 있다. 그에 대한 내용으로서 예비조사는 1, 2수준(단계)의 예비조사 기간 동안이며 진행중인 훈련(교육)은 1, 2수준으로 훈련이 수행되는 동안이다. 현직 업무수행은 3수준으로서 학습자가 새로운 기술을 실행할 충분한 시간을 가졌을 때이며, 조직에의 영향력은 4수준으로 1, 2, 3수준 평가가 완료되고 훈련결과가 나타나기에 충분한 시간이 지났을 때이다.

또한 평가수준(단계)별 주요 평가도구에서 1단계(반응평가)는 질문지와 면담을 평가도구로 주로 활용하며, 2단계(학습평가)에서는 사전 코스검사, 사후 코스검사, 수행능력 체크법, 역할놀이, 실현작업, 시뮬레이션 등이 있다. 3단계(행동평가)는 질문지, 행동계획, 관찰, 작업공정일지, 회계장부, 면담, 포커스 집단 등이 활용되며, 4단계(결과평가)는 회계장부, 훈련비용 모형 등이 평가도구로 적용되고 있다.

둘째, 필립스(Phillips)의 5단계 평가모형은 커크패트릭의 평가모형에서 5단계로 발전된 모형으로 ROI(투자 회수율 : Return on investment)에 초점이 있으며, 커크패트릭의 평가 4단계에서 혼합된 개념 즉, 교육의 사업결과에 대한 기여도와 ROI를 분리하여 언급한 것이다. 5단계 ROI의 정확한 측정을 위해서는 2단계부터의 평가결과가 반영되어야 한다.

한편 필립스의 평가단계별 정의로는 다음과 같이 나타낼 수 있다.

 - 1단계(반응 및 실천계획 : Reaction & Planned Action)는 교육과정에 대한 교육 참가자들의 반응을 측정하고 결과를 실행하기 위한 구체적인 계획을 수립하는 단계의 평가이다.

 - 2단계(학습 : Learning)는 교육 참가자들의 스킬, 지식이나 태도변

화를 측정하는 단계이다.

 - 3단계(현업적용 : Job Application)는 훈련결과에 대한 현업의 행동변화를 측정하는 단계이다.

 - 4단계(사업결과 : Results)는 교육결과가 사업에 미치는 영향을 측정하는 단계이다

 - 5단계(투자결과 또는 투자 회수율 : Return on investment)는 교육과정에 대한 재정적인 결과의 가치와 소요된 비용을 보통 %를 사용하여 측정하는 단계이다.

 이와 같이 필립스의 5단계 평가에 대한 단계별 정의를 통하여, ROI(Return on investment)산출을 위한 투자수익률의 모델은 다음 [그림 23]과 같이 제시될 수 있다.

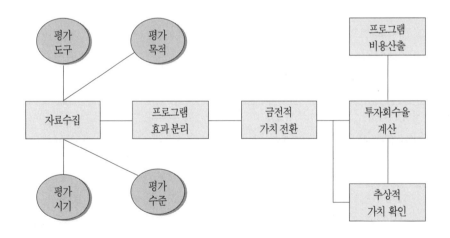

[그림 23] 투자수익과정 모형(Phillips, 1998)

주요
HRD 관련
이론

1. 성인학습이론

(1) 앤드라고지의 개념

앤드라고지(Andragogy)는 아동을 대상으로 하는 페다고지(Pedagogy) 와는 대조적으로 그리스어의 '성인(andros)'이라는 말과 '지도하는 (agogus)'이라는 말의 합성어로 만들어졌다. 이 말은 좁은 의미에서는 성 인들의 학습활동을 돕는 기예와 과학(art and science of helping adults to learn)이라는 뜻을 지니고 있다. 또한 광의적인 입장에서 앤드라고지는 성 인교육의 정책, 제도 및 실시과정 전체를 체계적으로 연구하는 학문을 의 미한다. 즉, 앤드라고지는 성인교육이론의 연구 혹은 성인학습의 과학과 동의어로 취급한다. 반면에 협의적 의미에서 교육이란 학습자의 학습활동 을 원조한다는 입장에서 학습을 지속, 개선, 촉진시키는 작용이라고 한다는 점에서 학습자의 발달단계 및 생활단계에 알맞은 최적의 원조기술을 체계화하는 데 그 목적을 두고 있다.

(2) 앤드라고지의 형성배경

앤드라고지는 하나의 독립된 과학으로서 성인에 관한 교육이론으로 받아들여지고 있는 유럽 중심이 있는 반면, 성인의 학습활동을 도와주는 하나의 방법으로서의 의미를 지니고 있는 것으로 발전하여 온 미국 중심의 경향을 반영하고 있는 것으로 나타난다. 앤드라고지가 어떠한 의미를 지니고 있던 간에 1960년대부터 앤드라고지가 본격적으로 거론되기 시작한 배경을 살펴보면 다음과 같이 몇 가지로 정리할 수 있다.

첫째, 사회변화가 가속화되어감에 따라 기존의 교육개념으로는 성인의 다양한 학습요구를 충족시킬 수 없다는 인식으로부터 앤드라고지가 대두되었다고 볼 수 있다. 즉, 현대사회에서 가속화되고 있는 변화의 신속성, 다양성, 복잡성 등으로 인하여 성인들은 사회변화에 적절하게 대응하기 위해서 뿐만 아니라, 생존 그 자체를 위해서 지속적인 학습이 필요하게 되었다.

둘째, 1960년대와 1970년대 초에 걸쳐서 나타났던 앤드라고지는 이를테면 낭만주의적이고 인본주의적인 경향에 영향을 받아서 형성되었다. 즉, 위로부터의 교육과 같은 전통적인 페다고지적 교육을 통해 개인을 사회체제에 적응하도록 준비시키는 과정으로 동등한 교육과 개인의 교육을 강조하였다. 아울러 그가 사회에서 행위자로서의 역할을 제대로 수행할 수 있도록 잠재력을 실현해 갈 수 있는 능력개발을 중시하는 앤드라고지로 대표되는 교육으로 대두되었다.

셋째, 학문으로서나 실천의 영역으로서 성인교육이 사회에서 보다 활성화되어감에 따라 성인교육을 타 교육영역과 구분하고, 이와 관련된 일들에 대한 전문직을 부여하기 위한 차원에서 앤드라고지가 대두되었다.

넷째, 2차 세계대전 이후부터 급속하게 전개된 산업화·공업화·도시화의 물결 속에서 성인교육의 필요성이 부각됨에 따라 실천의 영역으로서 성인교육이 활성화된 것이며, 이에 따라 성인교육에 있어서 그를 체계적으로 뒷받침할 수 있는 이론을 형성하는 것이 필요하게 되었다.

(3) 앤드라고지의 기본전제

앤드라고지에서는 전통적인 페다고지에서 전제하고 있는 아동학습자에 관한 가정과 다른 인간이 성숙함에 따라 성인학습자의 특성에 관한 다섯 가지의 중요한 가정을 전제로 하고 있다. 그것은 ①자아개념이 의존적인 성격에서 자기 주도적인 것으로 바뀌며, ②학습함에 따라 경험이 축적되고, ③학습 준비도는 점점 더 사회적 역할에 대한 발달과업을 지향하게 되며, ④시간에 대한 관점은 지식의 적용을 연기하는 것에서 즉각적인 적용으로 변화되고, 학습에 대한 경향성은 교과 중심에서 문제해결 중심으로 옮겨가게 되며, ⑤성인은 외재적인 요인보다 내재적인 요인에 의하여 학습하고자 하는 동기가 유발된다 등이다.

이와 같은 성인교육의 전제를 통하여 전통적인 교육학과의 기본전제를 다음의 [표 45]와 같이 나타낼 수 있다. 또한 페다고지와 앤드라고지의 구조적인 차이점을 노울즈(Knowles)의 기본 가정으로부터 추출하여 이를

보다 구체화시킨 마이어(Mayer)의 견해에 따라 살펴보면 다음의 [표 46]
과 같다.

[표 45] 페다고지와 앤드라고지의 기본전제 비교

구분	페다고지	앤드라고지
학습자의 개념	●의존적 단계(미성숙 단계) ●일방적 교육(종속적/지시적 관계) ●교사(수직적/가르치는 교사) ●일방적 대화 ●표준화된 커리큘럼(무조건 배움) ●형식적 학습(교사 중심 평가)	●자기주도성의 증대(자율적/독립적 존재) ●도와주는 관계(상호 우호적 관계) ●교사(수평적, 탐구하는 교사) ●쌍방적 대화 ●맞춤식 커리큘럼(학습자 요구반영) ●구성주의 학습(학습자에게 배우는 교사)
경험의 역할	●학습자원으로서 그다지 가치를 지니고 있지 않음 ●경험이 미성숙 함 ●외부적인 경험에 의존 ●일방적인 경험 ●한정된 경험(강의 중심)	●학습자가 지닌 경험은 자신은 물론 타인에게 있어서도 풍부한 학습자원이 됨 ●경험이 학습에 중요함(문제해결, 상호학습) ●학습자 자체의 경험 중시 ●쌍방적 경험 중시 ●확장된 내용(사례 연구법 등)
학습 준비도	●생물학적 발달단계 및 사회적 압력 ●부족하다 ●반/학년 구분(학습경험 : 교사제공) ●특정 내용을 특정 시기에 배움	●생애주기에 의한 다른 발달과제 및 사회적 역할의 변화 ●욕구의 차이(발달단계의 차이) ●흥미, 관심, 욕구로 구분 ●사회역할과 지향하는 목표가 다름
학습의 경향성	●미래를 위한 준비, 교과 중심적 ●미래 지향성	●즉시적인 활용, 문제 중심성 ●현실지향성
학습의 동기	●외재적 동기	●내재적 동기

[표 46] 페다고지와 앤드라고지의 원리 비교

페다고지의 기본원리	앤드라고지의 기본원리
1. 교수-학습과정의 운영에 있어서 학습자의 관심 및 이해에 관계 없이, 그리고 적극적인 참여 없이 강제적인 출석을 전제로 한다	1. 학습은 학습자의 자발적인 참여를 전제로 이루어진다. 학습자는 이를 통해 자기의 이해 혹은 욕구를 충족시킬 수 있을 것으로 기대한다
2. 아동의 자기개념은 성인의 지도를 필요로 하는 의존적이고, 미성숙한 존재로 파악된다	2. 성인의 자기개념은 자기지도가 가능한 성숙하고 독립적인 인간 그 자체이다
3. 교사는 보다 많은 지식을 지니고 있으며, 그 지식을 학습자에게 전달하는 것을 주된 임무로 한다	3. 학습자는 교사 및 타 학습자와 상호적인 관계를 지니고 있다
4. 아동의 인생경험은, 학습과정에서는 가치 있는 것으로 여겨지지 않는다	4. 성인의 인생경험은 매우 다양하기 때문에 학습과정에 있어서 풍부한 공헌을 할 수 있을 것이라고 기대되고 있다
5. 교사가 축적한 지식 및 경험은 무엇보다도 중요하며, 학습에 있어서 제1의 자원이기도 하다	5. 학습자들이 축적한 지식과 인생경험은 교사의 그것과 마찬가지로 학습에 있어서 가치있는 자원이라고 판단된다
6. 교사는 내용(무엇을 학습하는가)과 학습과정(언제 학습을 행하는가)을 결정하는 존재이다	6. 학습자는 학습내용과 학습과정을 선택할 수 있으며, 학습내용과 학습과정은 개개인의 관심과 요구에 기초하여 결정한다
7. 교육은 장래의 준비과정이며, 학습자는 장래 무엇을 행하고 성취할 수 있도록 준비하는 존재이다	7. 교육은 현재의 문제해결을 위한 과정 즉, 학습자의 현재 상황에 관계있는 무엇인가를 행하는 과정이라고 파악된다
8. 교사가 지닌 제1의 임무는 내용(무엇을 학습해야 하는가)을 통제하는 데 있다	8. 교사(혹은 지도자)가 지닌 제1의 기능은 학습과정을 지도하는 데 있다
9. 학습자가 학습교재에 대하여 어떻게 느끼고 있는가는 거의 고려되지 않고 있으며, 다만 그것이 어떻게 잘 학습될 수 있는가에만 관심을 집중시키고 있다	9. 학습자가 학습내용과 학습과정을 어떻게 여기고 있는가에 대하여 커다란 관심을 지니고 있으며, 학습자들의 적극적인 감정은 학습을 지속시키는 데 있어서 중요한 요소이다
10. 학습자의 과거의 학습이 언제, 어떻게 도움이 되며, 앞으로 자기자신에게 어떠한 학습이 필요한가에 대해서는 거의 평가하지 못한다	10. 학습자는 학습과정이 지니고 있는 가치를 부단히 평가하고, 나아가서 앞으로의 학습에 자기자신의 요구가 어느정도 충족될 수 있을 것인가를 판단한다

(4) 교수설계 및 운영에 있어서 페다고지와 앤드라고지의 특성

페다고지 모형과 앤드라고지 모형은 두 개의 대조적인 교육 프로그램의 설계와 실시에 관한 기본틀을 제공한다. 페다고지의 모형은 기본적으로 내용 중심의 계획(content plan)에 치우치게 되지만, 앤드라고지 모형은 과정 중심의 설계(process design)에 관심을 지니게 된다. 이들 양자간의 이론적 틀은 [표 47]과 같이 나타낼 수 있다. 이는 교육과정 전체에 있어서 단계적인 학습활동의 제 요소와 지도자의 역할을 체계적으로 나타내고 있다는데 그 의의가 있다.

[표 47] 페다고지와 앤드라고지에 있어서 교수설계요소의 비교

계획요소	페다고지	앤드라고지
1. 학습자 장면의 분위기 형성	권위주의 지향, 형식적, 경쟁적, 지시적	상호 존중, 상호 신뢰, 협조, 쾌적함, 비형식적, 지지적
2. 프로그램의 계획	교수자 주도	상호 계획화의 기구, 계획에 참가 및 결정의 공유
3. 학습요구의 진단	교수자 주도	요구 및 필요의 자기진단에 대한 원조
4. 학습목표의 공식화	교수자 주도	상호작용에 의한 결정
5. 학습계획안 설계	학습지도 요령 및 교과내용 단원의 논리성	학습 준비도에 대응하는 학습과제의 배열 및 문제단원의 계통성
6. 학습활동	교수·전달의 기술	경험학습의 기술, 탐구학습, 계약 학습
7. 평가	교수자 주도	상호작용에 의한 요구의 재진단, 프로그램의 결과에 대한 상호 평가

(5) 학습결과의 평가단계

이 단계는 학습활동을 통해 학습자가 학습목표를 어느 정도 달성하였는가를 검토하는 과정이다. 결과의 평가는 학습자 자신이며, 제3단계에서 설정한 도달점 행동에 비추어 새로운 수준에서 그 장단점을 비교 검토하고, 이와 동시에 보다 바람직한 수준과 현재의 능력(수행)수준과의 차이를 발견하는데 도움을 줄 수 있도록 하여야 한다. 이들에 대한 확인은 현재 상태에서 학습자의 능력(수행)수준과 목표의 미달성 부문이 어느 것인가를 찾아 그 증거로 제시함으로써 전체적으로 해당 교육계획의 유효성과 타당성을 측정하고, 구체적인 교수와 학습과정을 개선하는데 필요한 판단자료로 활용하도록 한다. 따라서 이 평가단계는 성인의 평생 학습과정과 앤드라고지에 있어서 중심적인 축이 되는 단계이다.

성인학습의 과정에 의하면 개인의 성장과 발달에 보다 적합하고도 효과적인 학습조건이 있다. 노울즈는 학습자들이 처해있는 특정한 학습조건에 따라 보다 나은 지도원칙을 제시할 수 있다고 보고 다음 [표 48]과 같은 효과적인 학습조건과 지도원칙을 제시하였다. 이와 함께 메지로우(Mezirow)는 앤드라고지에 입각하여 성인교육자들로 하여금 학습자들의 자기주도성을 촉진시키는데 필요한 일련의 원칙을 제시하였는데, 이를 간단하게 제시하면 다음 [표 49]와 같다.

[표 48] 효과적인 학습조건과 지도원칙

학습조건	학습지도(교수)의 원칙
학습자는 학습 욕구를 느낀다	●교수자는 학습자들에게 자기충족에 대한 새로운 가능성을 보여준다 ●교수자는 각각의 학습자들로 하여금 향상된 행동에 대한 자신의 포부를 명확히 하도록 돕는다 ●교수자는 자신의 포부와 현재 수행능력 사이의 차이를 진단하는 것을 돕는다 ●교수자는 개인의 준비도에 의해서 생기는 차이 때문에 그들이 경험하는 생활문제를 파악하도록 돕는다
학습환경은 물리적 편안함, 상호 신뢰와 존경, 상호 협조, 표현의 자유, 차이점의 수용으로 특징지울 수 있다	●교수자는 편안하고(자리, 흡연, 온도, 통풍, 조명, 장식) 상호작용을 유발시킬 수 있는 물리적 환경을 제공한다 ●교수자는 각각의 학습자들을 가치가 있는 사람으로 수용하고 그의 감정과 아이디어를 존중한다 ●교수자는 협동적인 활동을 장려하거나 경쟁과 비판을 삼가도록 함으로써 학습자들 사이에 상호 신뢰와 협조의 관계를 형성하도록 한다 ●교수자는 자신의 감정을 드러내고 상호 탐구의 정신에 입각해서 공동의 학습자로서 자신의 자원을 이용한다
학습자는 학습의 목적을 자신의 목적으로 지각한다	●교수자는 학습자, 기관, 교수자, 교과 그리고 사회의 요구를 배려한 학습목표를 세우는 과정에 학생들을 참여시킨다
학습자는 학습의 계획과 실행에 대한 책임의 공유를 수용하고 그렇게 함으로써 그에 대해 헌신적이 된다	●교수자는 학습을 디자인하고 학습자료와 방법의 선택시 가능한 옵션에 대해서 자신의 생각을 학습자들과 공유하고, 학습자들이 이러한 옵션들 중에서 선택하는 데 참여하도록 한다
학습자는 학습과정에 적극적으로 참여한다	●교수자는 상호 탐구의 과정에서 책임을 공유하기 위해 프로젝트 집단, 교수-학습팀, 독립적 연구 등을 조직하도록 학습자를 돕는다
학습과정은 학습자의 경험과 관련있으므로 그것을 이용한다	●교수자는 토론, 역할연기, 사례연구 등과 같은 기법을 사용함으로써 학습을 위한 자원으로 자신의 경험을 이용하도록 학습자들을 돕는다 ●교수자는 학습자의 경험수준에 맞추어서 자신이 가지고 있는 자료를 제시한다 ●교수자들은 학습자들이 자신의 경험을 새로운 학습에 적용하도록 도와서 학습이 좀더 의미있고 통합적인 것이 되도록 한다
학습자는 자신의 목적을 향해 나아가고 있음을 느낀다	●교수자는 학습목표의 달성 정도를 측정하기 위해서 상호 수용할 수 있는 기준과 방법을 개발하는 데 학습자들을 참여시킨다. 교수자는 학습자들이 이러한 기준에 의해서 자기평가과정을 개발하고 적용하도록 돕는다

[표 49] 메지로우(Mezirow)의 앤드라고지에 입각한 지도원칙

앤드라고지에 입각한 지도원칙

1. 교육자에 대한 의존성은 학습자가 성장하면서 점차적으로 사라진다

2. 학습자로 하여금 그들의 학습자원 특히, 교육자를 포함한 타인의 경험 등을 활용하는 방법을 이해하도록 도와준다. 또한 교수-학습의 장에 있어서 타인들과 호혜적인 학습관계를 형성하도록 도와주어야 한다

3. 학습자들로 하여금 그들의 학습요구 지각에 영향을 미치는 문화적, 심리적 요인들을 이해하고, 즉각적으로 인식하도록 함과 동시에 학습요구를 확인할 수 있도록 지원하여야 한다

4. 학습자들이 그들의 학습목표를 설정하고, 학습프로그램을 계획하고, 나아가서 학습성과를 적절하게 평가하는 데 필요한 책임감을 고양시킬 수 있도록 도와주어야 한다

5. 학습자의 현재수준에 있어서의 개인적 문제, 관심 그리고 이해의 정도와 관련하여 학습내용을 선정하고, 조직할 수 있어야 한다

6. 학습자들로 하여금 그들에게 적합한 학습경험을 선정하도록 하고, 선택의 범위를 확대하도록 함으로써 의사결정력을 제고하도록 한다. 또한 여러 다양한 대안을 지니고 있는 다른 사람들의 관점을 활용하도록 한다

7. 경험에 대한 인식이 자기 반성적이고 통합적이 될 수 있도록 보다 총괄적이면서 세분화된 판단기준을 활용하도록 한다

8. 학습은 물론 사실의 확인 및 유형화, 관점의 수용 및 선정, 학습습관 및 학습관계 등에 있어서 자기 교정적이고 반성적인 접근을 할 수 있도록 촉진한다

9. 개인 및 집단행동의 이행과 관련된 문제는 물론 공적인 문제와 사적인 문제간의 관계를 인식하는 것과 관련하여 문제 제기식·문제 해결식 방법을 동원하도록 촉진한다

10. 학습자들에게 점진적인 숙지방법을 제공하고, 변화를 추구하고 위험을 감수하고자 하는 노력을 격려하며 피드백을 할 수 있는 지원적인 환경을 제공하고, 과제 달성도에 대한 경쟁적인 판단을 하지 말며, 나아가서 상호 지원적인 집단방법을 적절하게 활용함으로써 학습자와 행위자로서의 자아개념을 강화하도록 하여야 한다

11. 경험적, 참여지향적 그리고 실제 지향적인 수업방법을 강조하도록 한다. 또한 모델링과 학습계약법과 같은 것들을 적절하게 활용하도록 한다

12. 학습자들로 하여금 그들의 선택 범위를 이해하도록 도와주고, 학습자들이 선택할 수 있도록 도와주는 것과 학습자로 하여금 선택의 질을 제고하고 구체적인 선택을 할 수 있도록 격려하는 것들을 도덕적으로 구별할 수 있도록 하여야 한다

2. 액션러닝

(1) 액션러닝의 필요성과 정의

교육을 위해 업무현장에서 떠나지 않아도 된다는 의미인 액션러닝(Action-Learning)은 업무와 교육이 함께 연계되어 이루어진다는 것(업무 따로 교육 따로 지양)과 실제의 비즈니스 이슈를 해결하는 과정에서 학습이 효과적으로 이루어지며 업무현장의 비즈니스 이슈나 문제에 대한 해결책을 잘 아는 암묵지(暗默知, Tacit Knowledge)를 보유한 사람이 있다는 것, 구상(conception)과 실행(implementation)이 일원화되어 이루어진다는 점에서 일과 학습, 이론, 실제, 교육, 경영을 직결한 적시형 학습(just in time learning) 형태로 떠오르고 있다. 이와 같은 필요성에 따라 액션러닝에 대하여 Inglis(1994)는 액션러닝의 문제에 대한 해결책을 마련하기 위해 구성원이 함께 모여, 개인과 조직의 개발을 함께 도모하는 과정이라 정의한 바 있다. McGill and Beaty(1995)는 목표의식을 가지고 동료구성원의 지원을 토대로 이루어지는 학습과 성찰의 지속적인 과정이라 정의하고 있다. 한편 Marquardt(1999)는 보다 구체적으로 액션러닝이란 소규모로 구성된 한 집단이 기업이 직면하고 있는 실질적인 문제를 해결하는 과정에서 학습이 이루어지며, 그 학습을 통해 각 그룹 구성원은 물론 조직 전체에 혜택이 돌아가도록 하는 일련의 과정이자 효과적인 프로그램으로 정의하고 있다. 이와 같이 여러 학자들이 제시한 액션러닝에 대한 정의를 토대로 종합적인 액션러닝에 대해 정의를 내리면 다음과 같다.

액션러닝이란 소규모로 구성된 한 집단이 조직, 그룹 또는 개인이 직면하고 있는 실질적인 비즈니스 이슈와 원인을 규명하고, 이를 해결하기 위한 실행계획을 수립하여 현장에 적용하는 것이다. 그리고 그 실천과정에 대한 성찰을 통한 학습 즉, 현장적용과 성찰을 통한 학습의 반복적이고 순환적인 과정을 통해 학습하는 방법이며, 이를 통해 그룹 구성원 개개인 및 조직 전체의 요구를 충족하는 적시형 학습 형태이다.

액션러닝의 정의를 토대로 한 액션러닝의 특성은 다음과 같이 네 가지로 열거할 수 있다.

첫째, 액션러닝은 실시간 학습경험으로, 중요한 두 가지 목적 즉, 조직의 경영상 요구를 만족시키는 것과 개인 및 팀을 개발시키는 것을 동시에 달성하기 위한 방법이다(Rothwell, 1999 : Spence, 1998).

둘째, 액션러닝은 두 마리 토끼를 한꺼번에 잡을 수 있는 학습방법이다. 즉, 액션러닝을 통해서 조직은 심각한 경영상의 문제를 해결하거나 경영상의 기회에 적절히 대응할 수 있으며, 동시에 핵심인재를 개발하여 역량

을 갖추도록 함으로써 조직을 전략상 가장 이상적인 방향으로 이끌어 가
도록 할 수 있다(Dotlich & Noel, 1998 / Rothwell, 1999).

셋째, 액션러닝은 실제 비즈니스 이슈를 주제로 선정하여 이에 대한 해
결책을 발견하는 데 있다.

넷째, 액션러닝은 그룹 구성원인 학습자에 의해 자발적이고 주도적인 형
태로 이루어진다. 팀 활동을 통해 상이한 경험과 업무를 수행하는 구성원
으로부터 다양한 관점을 공유함으로써 최적의 해결방안을 도출할 수 있다.

(2) 유사 및 기존 프로그램과의 비교

액션러닝의 개념은 흔히 태스크포스(task force), 품질분임조(quality
circles), 시뮬레이션(simulation), 또는 문제해결학습(problem-based
learning)과 혼동되곤 한다. 이와 관련하여 액션러닝의 창시자라 할 수 있
는 Revans(1980)는 액션러닝과 관련이 없는 개념들을 설명함으로써 액션
러닝을 정의하고자 시도하였다. 이후 Marquardt(1999)는 액션러닝의 본
질을 명확하게 파악하기 위해 액션러닝이 아닌 개념들과의 구분을 시도하
였으며, Rothwell(1999) 또한 액션러닝과 태스크포스, 기능횡단팀(cross
functional team) 등 다른 접근방법과의 차이점을 구체적인 예를 통해 제
시하고 있다. 이를 각각의 목적과 방법에 따라 구분하여 보면 다음 [표 50]
과 같다.

액션러닝은 기존 교육 프로그램과도 기본가정 및 패러다임을 달리하고
있는데, 유영만(1995)은 액션러닝과 기존의 전통적인 교육방법과의 차이
점을 패러다임, 철학 등 다음의 8가지 측면으로 나누어 [표 51]과 같이 제

시하고 있다.

[표 50] 액션러닝과 유사개념과의 비교(Marquardt, 1999 / Rothwell, 1999)

구분	목적	학습방법	기타
태스크포스 (Taskforce)	-실제상황에서의 특정과 업/문제에 초점	-우연적 학습	-해결책을 실행할 권한이 상급자에게 있음
품질분임조 (Quality Circles)	-실제상황에서의 품질 향 상과제/문제에 초점	-우연적 학습	-해결책을 실행할 권한이 상급자에게 있음
시뮬레이션 (Simulation)	-가상의 사례를 다룸	-의도적 학습	-해결책에 대한 결과 및 책임이 따르지 않음 -해결책의 타당성을 검증 할 기회 없음
문제해결학습 (Problem-based Learning)	-실제 및 가상의 문제를 다룸	-의도적 학습	-해결책에 대한 결과 및 책임이 따르지 않음 -해결책의 타당성을 검증 할 기회 없음
액션러닝 (Action Learning)	-실제직면한 비즈니스이 슈의 발견과 이의 해결을 통한 환경적, 시스템적 요소에 초점을 둠	-학습자주도적 학습 -의도적 학습	-해결책의 실제적용을 통 한 결과의 확인 및 이에 대한 성찰을 통해 학습 이 이루어짐 -개인 개발과 조직 개발 에 초점

한편, 액션러닝은 교육목표, 교육기간, 교육대상, 참여주체 등에 있어서
도 기존의 집합식 교육 프로그램과 비교되는 특성화, 차별화된 특성을 갖
고 있다(봉현철 외, 2001). 이를 표로 간략하게 요약하여 제시하면 다음
[표 52]와 같다.

[표 51] 액션러닝과 전통적인 교육방법과의 비교(유영만, 1995, p.233)

비교요인	전통적인 교육방법	액션러닝
패러다임	공급자 중심의 교수 (강사의 상대적 우월성)	수요자 중심의 학습 (학습활동의 중요성)
철학	문제상황에 대한 전문적 지식을 가지고 있는 소수의 외부전문가	문제상황에 직면하고 있는 내부 구성원 모두가 전문가
이론과 실천의 관계	이론과 실천의 분리	이론과 실천의 통합
교수-학습전략	주입식	참여식
적합한 영역	전문적 지식 및 기술의 집중적인 단기간의 훈련	일반적 경영관리 능력 개발
교육생의 역할	수동적 지식의 흡수자	적극적 참여자
강조점	현장과 관련성이 적은 전통적인 내 용 중시	현장 중시의 비구조적 문제 또는 기회의 해결 및 발견
교육과 경영의 관계	교육을 위한 교육 교육전략≠경영전략	경영성과 기여도의 극대화 교육전략＝경영전략

[표 52] 액션러닝과 기존 집합식 교육프로그램과의 비교(봉현철 외, 2001)

범주	액션러닝	집합식 교육
교육목표	현장문제의 해결, 참가자간 유대강화, 학습 조직의 구축, 참가자들의 리더십 향상, 전문 성 강화 등 개인과 조직의 개발을 돕는 여러 가지 교육목표를 추구함	일방향의 특정한 구체적인 교육 목표를 추구함
교육목적	비즈니스 이슈의 실제적 해결을 통한 학습	지식/태도/행동의 변화
교육기간	기간이 비교적 3-4주 이상에서 2년여에 이 르기까지 길다	대개의 경우 3-4일에서 일주일 로 그 기간이 짧다
교육대상	조직 내의 핵심인력만을 대상	계층별/부문별 교육
참여주체	팀 구성원, Set advisor, CEO를 포함한 현업부서장	학습자, 교수자
교육방법	Set meeting을 통한 학습과정	집합식/면대면 교육

교육비용	Set meeting 운영 비용, Set advisor 선임비용, 현업부서장 참여비용 등 프로그램 운영 비용 외의 비용이 추가로 든다	프로그램 운영비용
교육운영 절차	오리엔테이션, 셋 미팅, 계획, 실행 및 적용, 성찰프로세스의 복잡한 운영 절차	교육프로그램 운영/비교적 간단한 절차

(3) 액션러닝의 적용기준

액션러닝을 적용하기 위한 시기 및 기준에 대하여 Rothwell(1999)은 ① 경영상의 문제를 해결함으로써 얻을 수 있는 가치와 미래에 대비해 개인 및 팀을 육성함으로써 얻을 수 있는 가치가 동일할 때, ②조직 내 다양한 부서 간의 고유역량을 한데 모아야 할 때가 적합하다고 제시하고 있다.

액션러닝을 적용해야 하는 경우와 액션러닝을 적용하지 말아야 하는 경우를 표로 제시하면 다음 [표 53]과 같다.

[표 53] 액션러닝을 적용해야 하는 경우 vs 액션러닝을
적용하지 말아야 하는 경우(김미정, 2001)

액션러닝을 적용해야 하는 경우	액션러닝을 적용하지 말아야 하는 경우
-어느 누구도 그 문제에 대한 솔루션을 모르고 있다 -어느 누구도 복잡한 상황에서 빠져 나올 방법을 모르고 있다 (물론 가장 좋은 방법에 대해서는 다른 견해가 있겠지만) -불확실성의 상황에서 right questions를 던질 수 있는 충분한 사람이 없다 -난감한 상황에서 위험을 감수할만한 그리고 바람직한 결과 (good results)를 산출할 충분한 사람이 없다	-이미 알려진 해답이 있다 -학습을 프로그램할 수 있다 -다른 방법에 의해 더 저렴하게 이루어질 수 있다 -상황이 안정적이고 앞으로도 그렇게 남아있을 것 같다 -체계적인 분석을 통해 솔루션을 제공할 수 있다 -해결해야 하는 이슈나 요구가 단순하다 -최고경영진이 최종결과(outcome)가 무엇이든 상관없이 그들만의 길을 가려고 결정한다 -긴급사항이나 재난 등의 경우처럼 이슈나 요구가 긴박하여 연기가 불가능하다 -조직 내에 문제를 해결할 수 있는 전문성이 없다 -관리자들이 직원들의 의견을 중요하게 생각하지 않으며, 미래에 대비해 개인을 육성하는 데에서 얻어지는 장점을 이해하지 못한다

(4) 액션러닝모델

액션러닝의 각 단계를 Marquardt(1999)는 문제의 이해, 대안의 제시, 해결책 마련과 이의 실행 등의 세 단계로, Mumford(1997)는 문제의 관찰, 성찰, 가설 형성 및 이의 실행의 네 단계로 제시한 바 있다.

Rothwell은 여러 학자들에 의해 제안된 액션러닝모델을 통합하여 액션러닝의 단계를 명확하게 다음 [그림 24]와 같은 7단계로 제시하고 있다.

1단계는 액션러닝을 실행하기에 적합한 상황을 인식하는 단계로, 조직적 차원에서의 실질적인 요구가 존재하는 상황에서 액션러닝을 활용해야 하며, 액션러닝은 최적의 학습방법으로서 의사결정이 이루어지는 단계이다.

2단계는 팀을 선정하고 조직하는 단계로, 액션러닝팀을 구성할 시에는 해결해야 할 이슈와 관련하여 전문적인 지식 및 스킬을 지니고 있으며, 다양한 관점과 배경을 지니고 있고 오픈 마인드를 지니고 있는 긍정적인 구성원을 선정한다.

3단계는 팀 브리핑과 팀 활동에 있어서의 제한범위를 설정하는 단계로, 조직된 액션러닝팀의 구성원이 된 이유, 문제 및 상황에 대한 정보 등에 대한 브리핑과 팀 활동에 있어서의 제한범위 및 권한을 인식하는 단계이다.

4단계는 팀의 상호작용을 촉진하는 단계로, 팀 구성원이 서로 협력하여 함께 일할 수 있는 분위기를 촉진하는 단계이다.

5단계는 해결방안을 규명하고 검증권한을 부여하는 단계로, 비즈니스 이슈에 대한 정보를 수집하고, 이의 원인을 규명하여 해결책을 모색하고, 이를 현장에 적용하는 단계이다.

6단계는 액션러닝팀의 결과를 평가하는 단계로, 팀 구성원 액션러닝 활동으로 인한 만족도, 학업성취도, 현업에서의 변화정도, 긍정적 · 부정적 결과를 측정하는 단계이다.

7단계는 향후방향을 설정하는 단계로, 팀 구성원들은 이 단계에서 액션러닝 활동을 통해 개인적으로 또는 그룹으로 무엇을 학습했는지, 또 개인 및 팀 역량을 강화시키기 위해 어떠한 역량을 강화시켜야 하는지에 대해 탐구하게 된다.

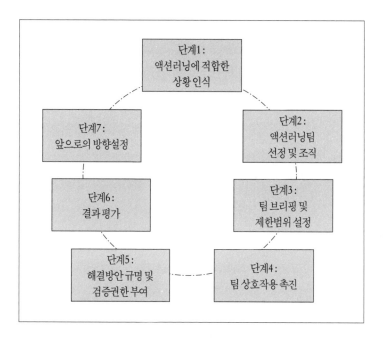

[그림 24] 액션러닝모델(Action Learning Model)(Rothwell, 1999, p.13)

(5) 액션러닝의 핵심구성 요소

액션러닝의 주요 구성요소에 대한 연구자들의 견해는 매우 다양하다.

이 장에서는 Marquardt(1999)가 제안한 액션러닝의 핵심구성요소로서 다음의 [그림 25]에 나타난 바와 같이 문제, 학습팀(Set), 질의와 성찰과정, 실행의지, 학습의지, Set Adviser의 6가지 구성요소에 대하여 알아본다.

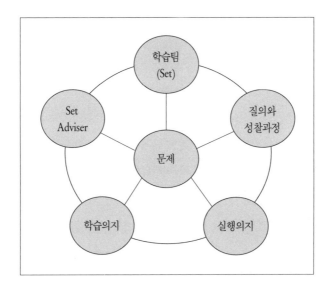

[그림 25] Action Learning의 6대 구성요소
(Marquardt, 2000, p.55에서 재구성)

앞의 [그림 25]에 나타난 바와 같이 액션러닝방식의 설계는 학습팀(Set), Set Adviser, 실제문제, 학습의지, 실행의지, 그리고 질의와 성찰 등의 6가지 주요 요소로 이루어진다(Marquardt, 2000). 다시 말해서 액션러닝방식의 교육 프로그램에서는 4~8명으로 구성된 학습팀(Set이라고도 불림)이 부서 또는 전사 차원에서 꼭 해결해야 할 중대하고 난해한 과제를 해결하기 위하여 정보를 수집하고 대안을 개발하며, 그 대안들

에 대하여 토의하는 과정에서 각자가 가진 다양한 관점에 바탕을 두어 여러 가지 질문을 제기하고 문제해결과정을 성찰하는 가운데 학습이 일어난다.

액션러닝의 6대 핵심 구성요소에 대하여 다음과 같이 세부적으로 고찰할 수 있다.

1) 문제

액션러닝이 다른 교육프로그램과 차별화되는 가장 큰 특징은 교육 참가자들이 연습문제가 아닌 실패의 위험을 갖는 실제의 문제(real problem with real risk)를 다룬다는 점이다. Marquardt 교수는 문제의 선정기준으로 다음과 같은 9가지를 제시하고 있다(Marquardt, 2000, pp.56-58).

① 실질적이고 반드시 해결해야만 하는 과제 : 가상으로 만든 과제가 아니라 조직의 이익(생존)과 직결되는 실존하는 문제

② 실현 가능한 과제 : 참가자 그룹(Set)의 능력과 권한 범위 내의 과제 : ⇒ 권한이 없을 경우, 권한을 부여해야 함

③ 참가자들이 진정으로 관심을 갖는 문제, 해결되었을 경우 변화를 가져올 수 있는 과제

④ 수수께끼가 아닌 실존의 과제(problem, not a puzzle) : 참가자들의 다양한 아이디어 해결 방안의 제시 가능, 타당한 해결책이 여러 개 있을 수 있음

⑤ 학습의 기회를 제공하여야 하며, 조직의 다른 부문에도 적용이 가능한 과제

⑥ 회사 내 여러 부서에 관련되어 있는 복잡한 문제

⑦ 외부 전문가의 표준화된 해결방식으로 해결되기 어려운 문제

⑧ 의사결정이 아직 내려지지 않은 문제

2) 학습팀

액션러닝에서의 학습팀(Action Learning에서는 이를 Set이라 부른다 : Revans, 1998, p.10)은 성인교육에서의 경험과 일반적인 Dynamics이론에서와 마찬가지로 4명에서 9명 정도의 인원으로 구성하는 것이 일반적이다. 4명 미만이 되면 그룹의 다양성이 떨어져서 창의성을 발휘하기가 어렵고 팀원들간의 도전적인 역학관계를 기대하기도 어려워진다. 반면 9명 이상이 되면 팀원간의 상호작용이 너무 복잡해지고 팀 활동에서 각 개인에게 배당되는 발언 및 성찰의 시간이 너무 적어서 역시 효과적인 활동을 기대하기 어렵게 된다(Weinstein, 1999, pp.57-64).

팀을 구성하는데 있어서는 문제와 문제해결에 대한 창의적 접근이 가능하도록 하기 위하여 다양한 시각과 경험을 가진 참가자들 즉, 성별, 연령, 국적(인종), 직무, 학습스타일, 성격(MBTI유형 등)이 될 수 있으면 다양하게 혼합될 수 있도록 배려하는 것이 바람직하다. 다만, 한 두 사람이 팀의 활동을 주도하는 것을 방지하고, 토론과 비판이 자유롭게 이루어질 수 있도록 하기 위하여 구성원의 능력수준이 비슷하도록 팀을 구성할 필요가 있다 (Marquardt, 2000, p.62).

학습팀은 이들이 해결하고자 하는 문제의 해결 주체에 따라 다음의 두 가지 형태로 구성할 수 있다. 첫째, 학습팀 전체가 하나의 과제를 해결하는 임무를 부여받는 방식으로 즉, 팀 전체가 그 과제의 해결 주체가 되는 방식으로 이런 방식의 프로그램을 Single-Project 프로그램이라 한다. 둘째, 학습팀원이 각자 서로 다른 자신의 과제를 가지고 팀에 참여하는 방식으로, 이때는 각자의 과제에 대한 해결의 책임을 각자가 가지게 된다. 즉, 학습팀원의 숫자만

큼 과제가 존재하며 해결의 주체는 학습팀원 각자가되는 것이다. 이런 프로그램을 액션러닝에서는 open-group 프로그램이라 한다(Marquardt, 2000, pp.81-84). 또 Single-project이든 open group이든 프로그램의 형태와 상관없이 학습팀에서 다루어지는 과제에 대하여 실무현장에서 그 해결의 궁극적인 책임을 지는 사람을 그 과제의 의뢰자(Client)라 부른다. 이때, 과제의 수행자 즉, 액션러닝에 참가하는 학습팀원이 클라이언트 자신이 될 수도 있음은 물론이다.

이상에서 설명한 과제해결 주체에 따른 액션러닝 프로그램의 두 가지 형태를 그림으로 표현하면 다음의 [그림 26]과 같다.

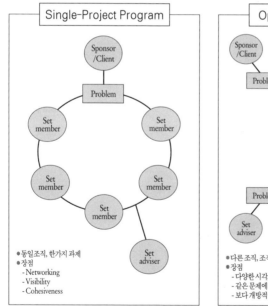
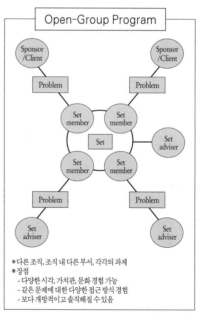

[그림 26] Single-project 프로그램과 Open-group 프로그램

팀 구성원의 바람직한 속성으로는 6가지(Marquardt, 2000, pp.62-63)를 들 수 있는데, 그것은 ①문제해결에 대한 열의, ②경청능력과 자신과 타인에 대한 질문 능력, ③자신을 개방하고 다른 Set member로부터 배우려는 의지, ④타인의 가치를 존중하고 존경하는 자세, ⑤실행과 성취에 대한 의지, ⑥자신과 타인의 학습능력과 잠재능력에 대한 인식 등이다.

3) 질의와 성찰과정

액션러닝이 다른 교육 프로그램과 대비되는 특징 중의 하나는 액션러닝에서의 학습이 강사에 의해서 주도되기보다는 학습팀이 문제를 해결하는 과정에서 문제의 본질과 효과적인 문제해결방법에 대해 스스로 탐구하고 질의(Questioning) 및 성찰(Reflection)하는 가운데 학습이 일어난다는 사실이다. 이런 의미에서 액션러닝에서는 'L=P+Q+R' 이라는 공식을 사용하고 있다(Marquardt, 2000, p.64).

- L : Learning(학습) ,
- P : Programmed Knowledge(정형화된 지식)
- Q : Questioning(질의),
- R : Reflection(성찰)

즉, 현명한 질문은 학습팀원들이 가지고 있는 기본가정(basic assumption)을 흔들어 놓음으로써, 사물 또는 현상간의 새로운 연결관계를 형성해 줌으로써, 그리고 학습자가 사물의 존재와 바람직한 존재양식에 대한 새로운 사고모형(Mental model)을 개발하도록 도와줌으로써 창의적 사고를 촉진한다는 것이다(Marquardt, 2000, p.67). 또한 학습팀의 문제와 문제해결을 위한 일련의 행동, 그리고 팀 미팅 자체에 대한 주의 깊은 성찰(Reflection)을 통해서 참가자들은 통찰력을 얻게 되며 다음에 해야 할 일을 아무도 모르는 상황에서 즉, 무지와 위험과 혼란의 상태에서 신선한 질문을 던질 수 있는 능력을 개발하게 된다. 또한 한 걸음 뒤로 물러나 일상의 문제와 생각의 굴레를 벗어 던지고 사물에 대한 공통된 시각에 도달할 수 있으며, 서로의 경험으로부터 학습하는 방법을 배우고 긴밀한 유대관계를 구축하게 된다(Marquardt, 2000, pp.69-70).

대부분의 액션러닝 프로그램에서는 다음의 7항에서 설명하게 될 Set Adviser에게 체계적 성찰을 주도할 책임을 부여하고 성찰에 필요한 시간을 Set Meeting의 형태로 공식적으로 부여하며, 성찰에 필요한 각종 양식과 도구들을 지원함으로써 질의와 성찰이 효과적으로 이루어지게 한다. 그리고 이 프로그램은 이를 통해 진정한 학습이 가능해지도록 계획적이고 체계적인 프로세스를 설계, 운영하고 있다.

4) 실행의지

액션러닝의 가장 큰 특징이 실패의 위험이 있는 경영현장 문제의 궁극적, 실질적 해결을 전제로 한다는 점은 누차 강조한 바와 같다. 이러한 문제해결에는 실천이 필요하며 그렇기 때문에 액션러닝의 설계와 운영을 위한 핵심 구성요소로서 교육과정에서 도출된 문제해결 대안에 대한 실행의지가 매우 중요하다. 그런 맥락에서 액션러닝에서는 앞의 L=P+Q+R의 공식을 L=P+Q+R+I(Implementation : 실행)으로 확장하고 있다. 즉, 다른 사람이 실행에 옮길 제안서나 보고서를 작성하는 일은 학습팀의 의지와 효율성, 그리고 학습효과를 현저히 저하시킨다. 결정된 결과를 실행해야 한다는 점에서 액션러닝의 학습팀은 두뇌집단(Think Tank)이나 논쟁그룹(Discussion Group)과 구별된다. 두뇌집단이나 논쟁그룹을 통해서는 지적인 자극을 얻거나 환상적인 아이디어를 도출할 수는 있지만, 현실세계에서는 아무런 영향도 끼치지 못하는 것이다. 그들의 아이디어를 실행에 옮겼을 때에야 비로소 참가자들은 그들의 아이디어가 효과적이고 실용적이었는지, 어떤 이슈를 간과했었는지, 그래서 그 결과로 어떤 문제가 야기되었는지, 앞으로는 어떤 식으로 개선할 것인지, 아이디어가 조직의 다른 부문에 또는 참가자들 각자 인생의 다른 부문에 어떻게 적용될 수 있을지를 정확히 판단할 수 있다(Marquardt, 2000, p.71).

5) 학습의지

액션러닝에서는 다음과 같은 상황에서 학습의 효과가 극대화될 것이라고 가정하고 있다. 즉, 학습의 효과는 ①학습자들이 질문을 받았을 때 혹은 스스로 질문해 볼 때, ②문제해결 과정과 의사결정의 결과를 성찰할 때, ③문제해결에 대한 절박함과 시간상의 제약이 존재할 때, ④행동의 결과를 직접 확인해 볼 수 있을 때, ⑤실패의 위험을 감수하는 것이 허용될 때, ⑥다른 사람으로부터 자신의 행동에 대해 정확한 피드백을 받을 수 있을 때, ⑦문제해결에 대한 궁극적인(실질적인) 책임이 있을 때 극대화된다는 것이다(Marquardt, 2000, pp.73-75).

이와 같은 가정에 입각하여 액션러닝 프로그램에서는 시뮬레이션이나 사례연구에서와는 달리 실제의 문제를 부여하고 일정기간 동안 학습팀 내의 주기적인 미팅을 통하여 질문과 성찰과정을 체계적으로 운영한다. 아울러 학습팀이 제안한 해결방안을 그들이 직접 실행에 옮기도록 하고 학습팀원들의 학습이 체계적으로 일어날 수 있도록 Set Adviser를 학습팀에 배정하며, 과정이 끝난 후에 반드시 성찰이 이루어지도록 이를 위한 시간과 공간을 배정함으로써 참가자들이 강한 학습의지를 가지고 오랜 기간 동안 유지하도록 프로그램을 설계하고 있다.

6) Set Adviser

액션러닝의 마지막이자 매우 중요한 핵심구성요소는 Set Adviser라 불리우는 학습팀을 돕는 촉진자(Facilitator)를 지원하는 것이다. Set Adviser는 학습팀이 다루는 과제에 관련된 내용전문가(SME : Subject Matter Expert)가 아니라, 팀이 문제를 해결해 가는 과정에서 회의운영기술, 문제해결기법, 프로젝트 관리와 관련된 각종 도구들을 지원하고 체계적 성찰과정이 이루어질 수 있도록 돕는 역할을 담당한다.

Marquardt(2000)는 Set Adviser가 다음의 [그림 27]에 나타난 바와 같은 6가지 역할을 담당한다고 설명하고 있다.

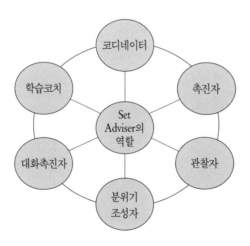

[그림 27] Set Adviser의 역할(Marquardt, 2000, p.77)

또한 Rothwell(1999)은 경험이 많은 노련한 촉진자(Facilitator)들을 대
상으로 그들이 느낄 때 가장 중요한 Set Adviser의 역량을 조사한 다음의
[그림 28]과 같은 결론을 얻어냈다.

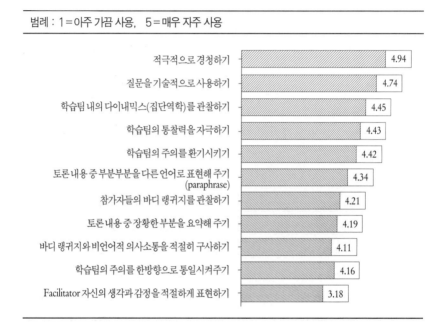

범례 : 1=아주 가끔 사용, 5=매우 자주 사용

역량	점수
적극적으로 경청하기	4.94
질문을 기술적으로 사용하기	4.74
학습팀 내의 다이내믹스(집단역학)를 관찰하기	4.45
학습팀의 통찰력을 자극하기	4.43
학습팀의 주의를 환기시키기	4.42
토론내용 중 부분부분을 다른 언어로 표현해 주기(paraphrase)	4.34
참가자들의 바디 랭귀지를 관찰하기	4.21
토론내용 중 장황한 부분을 요약해 주기	4.19
바디 랭귀지와 비언어적 의사소통을 적절히 구사하기	4.11
학습팀의 주의를 한방향으로 통일시켜주기	4.16
Facilitator 자신의 생각과 감정을 적절하게 표현하기	3.18

[그림 28] 노련한 Facilitator들이 자주 활용하는 역량(Rothwell, 1999, p.69)

이처럼 Set Adviser의 역할은 학습 팀원들을 과제와 관련된 내용 측면
에서 어떤 것을 가르치는 것이 아니라 스스로를 위해 구성원들이 서로에
게서 무언가를 배울 수 있는 환경을 조성하고 자신감을 기르는 방법과 성
찰하는 방법, 그리고 새로운 아이디어를 개발하는 방법을 찾도록 돕는 것
이다.

7) 액션러닝의 구체적인 사례

액션러닝이 기업교육에 본격적으로 도입하게 되었던 계기를 제공한 A사의 프로그램, B사의 팀 챌린지(Team Challenge) 프로그램, C사의 글로벌 임원과정을 살펴보면 다음의 [그림 29, 30, 31]과 같다.

사전준비	제1주	제2, 3주	제4주
-최고경영층 및 사업부 본부장급에 의한 과제 선정 -각 과제에 대한 기초정보(시장, 고객, 재무 등 수집) -참가자들에게 사전 제공	-프로그램 소개 -팀 구성 및 팀 빌딩 활동 -과제 부여 -글로벌 경영환경, 경영현안 과제 등에 대한 강의 -리더십 역량강화	-팀 활동 (Set Meeting) -문제해결계획 수립 -현장방문, 인터뷰 등을 통한 정보수집 -고객, 경쟁사 방문 -국내 외 벤치마킹	-보고서 준비 -최고경영층 및 과제와 관련된 책임자들에게 프로젝트 수행결과 보고 -학습과정에 대한 피드백과 성찰

[그림 29] A사식 Action Learning 프로그램의 전형적 진행절차
(Marquardt, 2000, pp.202-205 / Mercer, 2000, pp.45-46)

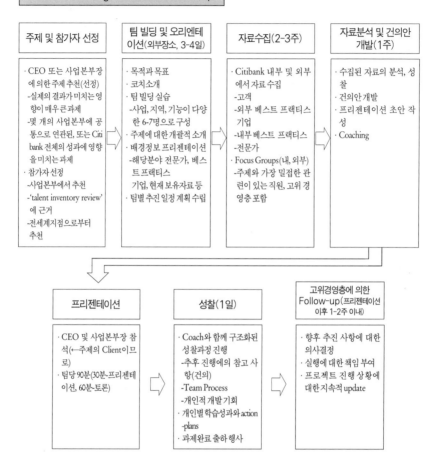

Action Learning Process의 Roadmap

주제 및 참가자 선정

· CEO 또는 사업본부장에 의한 주제 추천(선정)
-실제의 결과가 미치는 영향이 매우 큰 과제
-몇 개의 사업본부에 공통으로 연관된, 또는 Citibank 전체의 성과에 영향을 미치는 과제
· 참가자 선정
-사업본부에서 추천
-'talent inventory review'에 근거
-전세계지점으로부터 추천

팀 빌딩 및 오리엔테이션(외부장소, 3-4일)

· 목적과 목표
· 코치 소개
· 팀 빌딩 실습
-사업, 지역, 기능이 다양한 6-7명으로 구성
· 주제에 대한 개괄적 소개
· 배경정보 프리젠테이션
-해당분야 전문가, 베스트 프랙티스 기업, 현재 보유자료 등
· 팀별 추진 일정 계획 수립

자료수집(2-3주)

· Citibank 내부 및 외부에서 자료 수집
-고객
-외부 베스트 프랙티스 기업
-내부 베스트 프랙티스
-전문가
· Focus Groups(내, 외부)
-주제와 가장 밀접한 관련이 있는 직원, 고위 경영층 포함

자료분석 및 건의안 개발(1주)

· 수집된 자료의 분석, 성찰
· 건의안 개발
· 프리젠테이션 초안 작성
· Coaching

프리젠테이션

· CEO 및 사업본부장 참석(←주제의 Client이므로)
· 팀당 90분(30분-프리젠테이션, 60분-토론)

성찰(1일)

· Coach와 함께 구조화된 성찰과정 진행
-추후 진행에의 참고 사항(건의)
-Team Process
-개인적 개발 기회
· 개인별 학습성과와 action
-plans
· 과제완료 출하 행사

고위경영층에 의한 Follow-up(프리젠테이션 이후 1-2주 이내)

· 향후 추진 사항에 대한 의사결정
· 실행에 대한 책임 부여
· 프로젝트 진행 상황에 대한 지속적 update

[그림 30] B사의 Team Challenge 프로그램

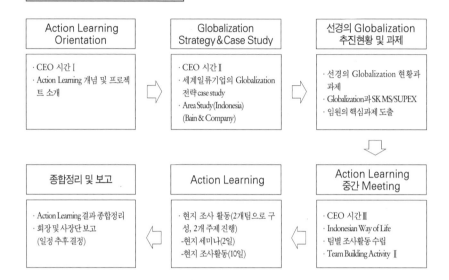

[그림 31] C사의 글로벌 임원과정

3. 멘토링

　무한경쟁의 경영환경 소용돌이 속에서 생존과 지속적인 성장 발전을 위하여 많은 기업들은 몸부림과 끊임없는 혁신을 추진하고 있다. 특히 인재 육성에 대한 기업들의 관심은 더욱더 가속화되고 있다. 조직 구성원들의 업무수행능력을 높이고, 잠재능력을 개발 및 활용하기 위해서는 실제 업무를 수행하는 것을 통한 학습이 무엇보다 중요하게 대두되고 있다. 이러한 일을 통한 학습방법에는 여러 가지가 있겠지만, 그 중 하나가 멘토링 제도(Mentoring Program)이다. 멘토링은 회사에 대한 경험과 업무 노하우를 갖고 있는 선배 사원이 직접 후배 사원들을 지도하고 조언해 주는 것으로서, 일상 업무환경 속에서 상호작용을 통해 학습이 이루어진다는 측면에서 그 효과가 탁월하다 하겠다. 이러한 중요성이 반영되어, 최근에 멘토링 제도가 신입사원 교육의 일환으로 기업들 사이에 빠르게 확산되고 있는 추세이다. 기업마다 후견인, 가디언, 선임자, 빅브라더 등 다양한 명칭으로 활용되고 있지만, 그 근본 목적은 선배 사원들의 적절한 조언과 코치를 통해 신입사원 또는 후배 사원들이 회사 및 업무에 대하여 신속한 적용과 업무성과를 도출하는데 있다. 이처럼 현장학습의 중요한 수단으로서 그 중요성이 증가되고 있는 멘토링에 대한 개념을 보다 구체적으로 알아보기로 한다.

(1) 멘토링이란

멘토(Mentor)라는 말의 기원은 그리스 신화, 오디세이(Odyssey)에 나오는 이름으로서 이타카 왕국의 오디세우스 왕은 B.C 1250년경 트로이(Troy)전쟁에 참여하면서 어린 왕자인 텔레마쿠스를 가장 믿을 만한 친구에게 맡기고 떠나게 되었는데, 그의 친구 이름이 멘토(Mentor)였다. 오디세우스가 전쟁에서 돌아오기까지 무려 10여 년 동안 멘토는 왕자의 친구, 선생, 상담자, 때로는 아버지가 되어 그를 잘 돌봐 주었다. 그 이후로 멘토라는 그의 이름은 지혜와 신뢰로 한 사람의 인생을 이끌어 주는 지도자라는 동의어로 사용되었다고 한다. 이러한 의미에서 멘토는 상대방보다 경험이나 경륜이 많은 사람으로서 상대방의 잠재력을 볼 줄 알며, 그가 자신의 분야에서 꿈과 비전을 이루도록 도움을 주며, 때로는 도전도 해줄 수 있는 사람을 일컫는다. 예를 들면 교사, 인생의 안내자, 본을 보이는 사람, 후원자, 장려자, 비밀까지 털어놓을 수 있는 사람, 스승 등을 들 수 있다. 멘토가 대학에서 사용될 경우에는 논문 지도교수를 의미하고, 스포츠에서는 코치, 무술에서는 사부, 예술에서는 사사해주는 스승 등을 의미한다. 과거

도제제도에서는 주인(Master)으로, 사회에서는 상담자 또는 후견인 등으로, 교회에서는 양육자, 목자, 제자 훈련자 등으로 다양하게 사용되고 있으므로 일반적인 멘토란 지도자 또는 현명하고 성실한 조언자의 뜻으로 사용될 수 있다고 본다. 이러한 의미에서 멘토링은 기업에서도 활발히 사용되고 있는데, 멘토링이란 한마디로 말하면 현장훈련을 통한 인재 육성활동이라 정의할 수 있다. 즉, 회사나 업무에 대한 풍부한 경험과 전문지식을 갖고 있는 사람이 1 : 1로 전담하여 구성원(멘티 : Mentee)을 지도, 코치, 조언하면서 실력과 잠재력을 개발, 성장시키는 총체적인 활동이라 할 수 있다. 최근에 많은 기업들이 도입하고 있는 후견인 제도가 바로 멘토링의 전형적인 사례이다. 이 제도 역시 신입사원 및 후배 사원들이 업무에 대하여 신속한 적응을 유도하고 성장 잠재력을 개발시킨다는 면에서 볼 때, 그 기본 사상은 인재육성에 있다고 하겠다.

멘토링에 사용되는 멘토, 멘티, 멘토링에 대한 용어는 다음과 같이 나타낼 수 있다.

멘토(Mentor)란 도움을 주는 사람(대부, 후견인, 지도사원, 사수, 장형, 버디, 브라더 등)이며, 멘티(Menger)란 도움을 받는 사람(-Protégé : 불, -Mentee : 미, -Mentoree : dud)이며, 멘토링(Mentoring)이란 멘토가 멘티와 활동을 하고 있는 상태를 말한다.

(2) 멘토링의 목적과 목표

멘토링의 목적은 멘티를 차세대 리더로 세우는 것이다. 여기에서 리더라는 개념은 사회적으로 위대한 지도자라는 뜻도 있지만 조직 적용 멘토링에서는 멘티가 훗날 도움을 주는 멘토로 삶의 태도가 바뀌는 것을 말한다. 조직에서는 멘티가 멘토로 변함으로 중간 지도자를 개발하게 되는데, 결국 인재 경쟁력을 확보하게 되는 것을 의미한다.

멘토링의 목적을 개인적인 면과 조직적인 면에서 살펴보면 다음과 같다.

개인적 측면에서의 멘토링의 목표는 당초 멘토와 텔레마쿠스의 사례에서 처음 왕자교육으로 출발한 점을 감안한다면 바로 차세대 리더(Post Leader)로 세우는 일임은 부인할 수 없는 사실이다. 그러나 보다 포괄적인 관점에서 접근을 한다면 사회적으로 다소 부족한 사람을 회복이나 치유해 주는 일이나 재능을 개발해야 할 사람을 개발해 주는 일도 범주에 넣을 수 있을 것이다. 최근의 선진기업에서는 핵심인재나 리더로 세우는 일을 효과적으로 수행하고 있는 다양한 사례들을 볼 수 있다.

조직적인 측면에서는 멘토링의 도입목표는 인재 경쟁력을 확보하여 건강한 기업을 이루는 일이라고 말할 수 있다. 멘토링으로 훈련된 인력은 남다르게 개인에 대한 자부심과 회사에 대한 애사심이 앞서 있다는 점들이 다양한 설문결과에서 도출되고 있다.

(3) 멘토링 원리

멘토링 프로그램은 왕자교육이라는 고품질의 인재 개발에서부터 출발을 한다. 한 왕자를 위하여 멘토는 10여 년간 인격을 상징한 수학, 철학, 논리학을 교재로 사용하여 전인적인 삶이라는 주제로 지혜롭고 현명한 왕으로 성장시켰다. 그러한 멘토십의 원리를 알기 위한 5가지의 원리는 ①한 사람의 멘토가 한 사람의 멘티와 ②일정기간 동안 1 : 1 관계를 맺고, ③멘토

자신의 역량을 최대로 발휘하여, ④멘티의 특성과 잠재력을 개발하고, ⑤ 인격을 갖춘 차세대 리더로 세우는 일이다(Standing Together). 이와 같은 5가지 원리에 대하여 보다 구체적인 내용은 다음과 같이 고찰할 수 있다.

원리①, 한 사람의 멘토(Mentor)와 한 사람의 멘티(Mentee)를 선정한다.

멘토와 멘티를 선정하는 것은 매우 특별한 기준이 있어야 한다. 일반적으로 아무나 선정하는 것이 아니라, 각 조직마다 멘토링의 목표에 적합한 특정한 사람을 멘토와 멘티로 선정한다는 것이다.

원리②, 일정기간 동안 멘티 중심의 1 : 1 관계를 맺는다.

멘토링 활동에는 조직마다 멘토와 멘티에게 약정한 기간을 설정해 주어야 한다. 특히 1 : 1로 연결하고 활동을 하되 멘티 중심의 활동이 이루어져야만 올바른 멘토링이라 할 수 있다. 당초 왕자 텔레마쿠스에 초점을 맞추고 멘토 선생이 10년간 집중적으로 열정을 다하여 현명한 지도자로 성장시켰다는 것에 유의해야 한다. 멘토나 리더가 중심이 된다는 것은 멘토링의 활동에서 본질에 크게 벗어나고 있다는 것을 인지해야 한다.

원리③, 멘토 자신의 역량을 최대한 발휘한다.

멘토가 멘티를 위하여 자신의 최고 역량(남이 따를 수 없는 경쟁력 있는 능력)을 발휘하여 멘티를 업그레이드하는데 전심전력을 다하여야 한다. 멘토와 멘티가 미팅시 신변잡기 차원의 모임이라면 효과를 도출하기는 대단히 어렵다. 특히 멘토가 제대로 역량을 갖추고 멘티에게 역량의 전이가 이뤄진다면 자동적으로 지식경영과 학습조직이 이뤄진다고 할 수 있다.

원리④, 멘티의 특성과 잠재력을 개발한다.

멘토링 활동이 성공하려면 가장 중요한 핵심 포인트는 멘티의 DB를 구축하는 것이다. 개인의 인적사항은 물론이고 상호간 관계를 극대화하기 위해서는 성격분석을 통하여 멘토와 멘티 상호 성격의 차이를 극복하기 위한 노력도 한가지의 방법이라 할 수 있다. 잠재력이라는 것은 멘토와 멘티의 가치개발에 초점을 두되 당초 멘토가 텔레마쿠스 왕자에게 10년 동안 수학, 철학, 논리학을 가르쳤듯이 오늘날 멘토링의 교육훈련 컨텐츠는 인격의 가치를 개발하여 업그레이드 하는데 중점을 두고 있다.

원리⑤, 인격을 갖춘 차세대 리더로 세우는 원투원(맨투맨) 멘토십이다.

멘토가 멘티를 일정 기간 동안 멘토링함에 있어 먼저 자신의 인격 즉, 지(知 : Intelligence), 정(情 : Emotional), 의(意 : Willing)에 대한 역량을 서비스하는 것이다. 멘티가 인격적으로 업그레이드한다는 뜻은 지적 분야에만 집중하는 것이 아니라 다양한 분야를 균형을 맞춰 개발한다는 것이다. 여기에서 리더라는 뜻은 두 가지로 생각해 볼 수 있다. 첫째는 위대한 지도자로 사회적으로 큰 영향력을 발휘한다는 것이고, 둘째는 조직 적용 멘토링에서 리더라는 개념은 멘토의 도움을 받는 멘티가 일정 기간이 지나서 멘티 자신도 도움을 주는 멘토로 생활태도가 바뀌는 것을 의미한다.

이와 같은 멘토링의 5가지 원리를 근간으로 하여 멘토가 갖추어야 할 일반적인 자격은 ①한 사람 안에 잠재력을 볼 줄 아는 능력의 소유자, ②함께 시간을 보내고 개발하고 성장하도록 도울만한 잠재력의 소유자, ③한 사람의 실수와 성품의 약점을 품을 수 있는 사람, ④내재된 잠재 능력을 개발하는데 융통성을 가진 사람, ⑤격려와 안정된 분위기를 조성하며 그 사람을 신뢰할 줄 아는 사람, ⑥다른 사람을 위해서 기꺼이 희생을 할수 있는 사람 등이다.

(4) 멘토링 효과

멘토링 제도는 조직은 물론 멘토나 멘티에게 많은 이점을 제공해 줄 수 있다. 대표적인 멘토링 제도의 효과를 살펴보면 다음 [표 54]와 같이 조직 차원과 개인차원으로 구분하여 나타낼 수 있다.

[표 54] 멘토링의 기대효과

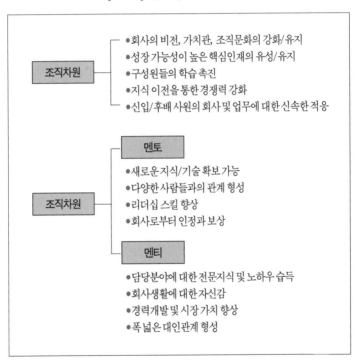

- 조직차원
  - ●회사의 비전, 가치관, 조직문화의 강화/유지
  - ●성장 가능성이 높은 핵심인재의 유성/유지
  - ●구성원들의 학습 촉진
  - ●지식 이전을 통한 경쟁력 강화
  - ●신입/후배 사원의 회사 및 업무에 대한 신속한 적응

- 조직차원
  - 멘토
    - ●새로운 지식/기술 확보 가능
    - ●다양한 사람들과의 관계 형성
    - ●리더십 스킬 향상
    - ●회사로부터 인정과 보상
  - 멘티
    - ●담당분야에 대한 전문지식 및 노하우 습득
    - ●회사생활에 대한 자신감
    - ●경력개발 및 시장 가치 향상
    - ●폭넓은 대인관계 형성

1) 조직차원

첫째, 지식 이전이다.

멘토링은 멘토의 머리 속에 가지고 있는 지식을 멘티에게 이전시켜 줌으로써, 특정 사람이 회사를 퇴사하더라도 조직 내에 중요한 지식을 남겨두는 효과가 있다. 특히 업무 현장에서 1 : 1로 직접 상호작용하면서 실시간으로 업무 관련 지식과 노하우를 전달해주기 때문에 강의실 중심으로 하는 일반 교육훈련보다 비용도 적게 들고 학습효과도 더욱 크다는 이점이 있다([표 55]). 이러한 멘토링의 지식이전 효과는 직무순환이나 인력이동이 잦은 기업에게 큰 도움을 줄 수 있을 것이다.

[표 55] 멘토링과 교육훈련과의 비교

구분	멘토링	교육훈련
목적	-태도와 마인드 변화 -성장 잠재력 개발	-업무 성과 제고 -전문지식 습득
초점	-구성원들의 잠재 역량 개발 및 업무를 통한 학습능력 제고	-주로 업무 수행에 필요한 전문지식 습득에 초점
주체	-같은 부서의 상사 또는 자주 접하는 사람	-외부/내부 전문가
관계 특성	-지식전달 외에 감정적 관계 포함 -1:1 관계	-전문가와 비전문가의 관계 -1 : 다수의 관계
장소	-업무현장, 회사 내부	-강의실, 교육시설
기간	-장기적(수개월~1년 이상)	-단기적(몇 주~몇 개월)

둘째, 회사의 핵심가치나 조직문화를 강화/유지하는데 기여할 수 있다.

멘토링은 공통의 문화적 가치나 회사가 기대하는 바를 구성원들의 마음 속에 심어줌으로써, 공동체 의식과 회사에 대한 몰입을 강화시키는 효과가 있다. 이러한 멘토링 기능은 구조 기능이나 다운사이징 등과 같이 조직의 가치나 문화가 흔들리기 쉬운 급격한 조직변화 시기에 유용하게 활용될 수 있다.

셋째, 인재육성이다.

멘토링의 가장 중요한 기능 중의 하나로, 업무에 필요한 기술과 역량을 습득하도록 유도함으로써 핵심인력이나 리더를 육성할 수 있다. 선진기업들의 경우 멘토링을 인재육성 프로그램과 전략적으로 연계하여 활용하고 있는데, 인재육성 기능으로서 멘토링이 제대로 이루어질 경우 우수인재의 유지에도 많은 도움을 줄 수 있다. 예컨대, CLC(Corporate Leadership Council)가 1999년 포춘(Fortune) 500대 기업 중 60개 기업을 대상으로 조사한 결과에 의하면, 멘토링을 받은 사람과 받지 않은 사람의 이직 의도는 각각 16%와 35%로 2배 정도의 차이가 있었다고 한다.

넷째, 멘토링은 외부 우수인력의 유치에도 긍정적인 영향을 줄 수 있다.

구성원들의 실력과 시장가치를 높여주는 조직은 외부의 우수인력을 유인하는데 보다 수월하기 때문이다. 한 예로 유니온 퍼시픽(Union Pacific)사는 멘토링 프로그램의 성공적 운영을 통해 대학 리크루팅(recruiting)에서 경쟁사보다 우수인력 확보에 있어서 우위를 점할 수 있었다고 한다.

2) 개인차원

멘토링 제도는 멘토와 멘티 개인 차원에서도 도움을 준다.

먼저 신입사원/후배가 회사생활에 신속하게 적응하는데 도움을 줄 수 있다. 전반적인 회사 생활이나 담당업무에 대해 상시적으로 조언을 얻고 대응함으로써 자신감 있는 조직생활이 가능하다는 것이다.

한편 멘토링은 멘티의 능력 개발을 가속화시켜 경력 개발 및 멘티의 시장가치를 높여줄 수 있다. 업무수행 과정에서 멘토와 직접적인 상호작용을 통해서 관련 지식과 스킬을 보다 빠르게 습득하여 단기간 내에 업무수행능력을 향상/극대화시킬 수 있다.

또한 멘토링 제도는 멘토에게도 많은 이점을 줄 수 있는데, 멘토 자신에 대하여 새로운 지식과 다양한 관점에 대한 학습과 이해를 하게 된다는 점이다. 신입 및 후배 사원을 지도하면서 새로운 지식을 배울 수 있으며, 젊은 세대의 가치관이나 관점에 대해 이해할 수 있는 계기가 된다. 또한 구성원을 지도 및 조언하면서 대인관계 기술이나 리더십에 관련된 역량도 향상시키는 효과를 얻을 수 있다.

(5) 멘토링 제도 운영의 성공 포인트

멘토링 제도가 현장훈련을 통한 인재육성이라는 소기의 성과를 거두기 위해서는 다음 몇 가지를 고려해야 한다.

첫째, 충분한 사전검토와 준비가 필요하다.

멘토링이 성공적으로 이루어지기 위해서는 제도에 대한 충분한 사전검토와 준비가 필요한데, 이는 조직과 구성원들이 어떠한 필요에서 멘토링을 요구하고 있는지부터 철저한 조사를 해야 한다는 것이다. 예컨대 신입/후배 사원들의 조직 내 분위기 적응을 위한 것인지, 핵심인재의 육성을 위한 것인지 등에 대해 목적을 명확히 정립해야 한다는 것이다. 또한 멘토로서의 자질을 갖춘 사람의 보유 여부, 멘토링의 구체적인 실행 방안, 예상되는 부작용 등에 대해서도 충분히 고려해야 한다.

둘째, 멘토링 제도에 대한 명확한 이해가 전제되어야 한다.

멘토와 멘티 모두 각자 수행해야 할 역할을 제대로 알고 활동하기 위해서는 멘토링 프로그램에 대해서 설명을 하는 오리엔테이션이 필요하다.

즉, 멘토링 제도에 대한 목적과 취지, 기대효과, 서로의 성격/가치관, 커뮤니케이션 방법 등에 대하여 사전교육을 실시하여야만 성공적인 멘토링 제도가 실행될 수 있다. 특히 멘토에게는 멘토링에 상당한 시간과 열정이 요구된다는 점을 명확히 알려주어야 하며, 사전에 멘토링에 대한 충분한 준비시간을 통해 철저한 준비가 되도록 하여야 한다.

셋째, 적절한 멘토 선정이 핵심과제이다.

멘토링의 성공적 운영에 있어서 멘티에게 올바른 지도와 조언을 해줄 수 있는 멘토의 선정이 무엇보다도 중요하다. 즉, 멘토가 부적절한 자질과 태도를 가지고 있다면 멘티에게 부정적인 회사 이미지를 심어주거나 육성활동을 게을리 할 수 있기 때문이다. 이처럼 멘토의 선정이 무엇보다 최우선 과제인데, 일반적으로 멘토가 갖추어야 할 자질로서는 ①회사 방침이나 가치에 대해 충분히 이해하고 있어야 하고, ②담당 업무에 대한 전문지식과 노하우를 겸비해야 하며, ③인재육성에 대한 강한 의지를 소유하고 있어야 한다는 것 등이다. 이는 멘토가 아무리 실력이 뛰어나더라도 자신의 이익만 중시하고, 구성원들의 실력향상에 관심이 적은 사람은 멘토로서는 적합하지 않기 때문이다.

넷째, 지시자가 아닌 파트너로서의 자세를 견지해야 한다.

일반적으로 멘토의 역할은 단지 경험이 많은 선배 사원이 미숙한 후배에게 가르치는 것으로 생각하고 있는데, 멘토링의 명확한 목적은 멘티의 잠재력 개발을 도와 주고 자신감 있게 업무에 수행할 수 있도록 지도해 주는 것이라고 볼 때, 멘토는 일방적으로 지시하기보다는 멘티가 갖고 있는 문제의 현상을 제대로 코칭(coaching)해 주고, 실행은 멘티 스스로 할 수 있도록 유도해야 한다. 이와 같은 것을 통해 멘티가 실질적으로 배우고, 자신감 있게 업무를 수행할 수 있기 때문이다.

다섯째, 정기적인 멘토링 효과를 분석해야 한다.

멘토나 멘티의 멘토링에 대해 적극적 참여를 유도하고 의도하는 목표를 이루기 위해서는 멘토링 과정이나 결과에 대한 엄격한 평가가 일정주기로 반드시 실시되어야 한다. 즉, 멘토와 멘티의 매칭이 제대로 이루어졌는지, 멘토링을 통해 멘티의 역량이 향상되었는지 등에 대하여 평가가 이루어져야 한다. 만약 멘토링에 대한 사후관리가 없을 경우, 멘토링 활동이 단지 형식적으로 이루어질 가능성이 있기 때문이다.

여섯째, 멘토링 성과에 대한 적절한 인정과 보상이 이루어져야 한다.

멘토가 멘토링을 자신의 중요한 역할 중 하나로 인식하고 적극적으로 참여할 수 있는 여건을 조성해 주어야 한다. 즉, 멘토링 활동에 대한 적절한 동기부여가 절대적으로 필요하다. 예를 들어, 성공적인 멘토링 사례에 대해서는 구성원들에게 널리 전파하여 축하와 인정을 받게 하거나, 승진이나 금전적 측면에서 보상을 제공해 주어야 한다.

부록

1. 교육진행 흐름도(Flow Chart)

부문	구분	주요 업무 내용
교육기획	교육 Needs 파악 분석	•경영이념과 비전, 경영방침 이해 •교육 대상층 선정 •교육목표 수립
	프로그램 기획 품의	•교육내용, 교육 필요 시간 •교육 일정, 교육 장소 •비용 산정 및 강사 선정 등
교육집행	연수준비	•교육실시 공문 발송, 교육대상자 선정 •교재 제작, 교육 보조재 준비, 비용수령 •교육장 선정 및 셋팅 •강사 및 교육생 이동 계획 수립 등
	연수 집행	•입소식 및 퇴소식 •일정별 강사 확인 및 응대 •숙소 배정, 강사료 지급 •교육장 정리 및 청결 상태 유지 •강의 모니터 등
	과정 정리	•설문지 작성 •Review Time •비용 정리 등
결과 처리	피드백	•설문분석 •평가분석

2. 교육진행 기간별 업무(Flow)

구분	주요 내용
D-5주차	● 공문발송 ● 사내와 강사 Contact 및 교안 요청 ● 교육장 예약 ● 버스 임대 예약 등
D-4~3주차	● 강의 교안 접수 ● 교안 제작 착수 ● 사내 강사용 교육메뉴얼 작성 시작 ● 교육실행 안내문 기안 및 공지
D-2주차	● 교안 제작 완료 ● 교육메뉴얼 제작 완료 ● 설문지 작성 ● 학습평가지 작성
D-1주차	● 가지급 신청 ● 교육참석자 확인 ● 교육보조 자료 준비 ● 숙소 예약 확인 ● 출장 신청/배차 신청
D-1일	● 가지급 수령 ● 강사 최종 확인 ● 교육장 세팅 등

3. 인재육성 체계도

(1) A사 0000년 인재육성 Point

육성포인트	'자력 학습'

◆ Cyber 학습능력 강화 및 학습의 자기주도성 확보
◆ 전사적 전략과정(프로과정) 시행
◆ 조직원 성장비전(전문인력 육성) 과정 시행

	Cyber	On/off-line	Off-line

SDL (자력학습과정)
- 자기성장과정
  - 개인: Pro-L팀 / 지식연구회
  - 조직: Free MBA
  - 과정이수제

프로
- Change Pro Action
  - 2: 집합 / 1박 2일 행동화과정
  - 1: Cyber / 진단/프로 마인드

성장 비전 (전문가)
- A사 사이버 대학(ACU)
- 고객인력 개발(e-life)
- 지점경영사 예비인증
- 교육전문가

Off-line:
- 경영자 과정
  - 경영자 심화과정
  - 경영자 기본과정
- 신임 직책
  - 신임과장 입문과정
  - 신임대리 입문과정
- 신임 사원
  - 신임사원 입문과정
  - 경력사원 입문과정
- 사무원 C/S Plus 과정

학습 INFRA	지점학습자료실(BSLB) / HRD Center(hrd.edupia.com)

(2) 인재육성 체계

A사 HRD SYSTEM(hrd.A사.com)

체계	직급 역량 (Role Comptency) 과정이수제	직책 성과 (Job Performance) 사내자격	Pro 역량 자기주도 SDL	Change Action Program	전문가 육성 Free MBA
임원/교재	최고경영자과정(AMP) / 경영자 기본과정 〉 경영자 심화과정			e-life 고객평생교육원	
1급			자기성장과정	전사 변화혁신 과정 'CAP 프로그램'	Free MBA △MIS △마케팅소양 △회계원론 △경영전략 △조직/HRM
2급	신임 / 경영전략 / MIS	파트장 지점장	능력향상과정(집합)	사이버 / 집합	
3급	마케팅전략 / 조직/HRM	지점경영사 인증	지점장/3급 이상	프로마인드 / 변화실천	사이버 자학자습
4급	마케팅소양 / 재무회계		파트장/4~5급		자필평가
5급	노무이체공통	지점경영사 예비인증	직원/6급	A사 사이버대학 ACU	A사 MBA
6급	노무이교육정		인터넷 및 통신 과정		
7급 이하	신임사원 입문과정 / 경력사원 입문과정		프로 L/지식연구회 사무원 C/S Plus 과정		

계층: 임원/교재, 팀장/팀원, 사업국장, 파트장, 직원, 경리 브랜스담당

INFRA	BSLB 지점원학습자료실	Contents Pool	Self-Learning Room 자기주도학습방

(3) B사 인재 육성 체계도

교육이념: 윤리의식이 투철한 Professional한 핵심 인재 육성

인재상: 성취인 · 사회인 · 전문인 · 세계인

교육체계도

교육체계도		
직위	직책	
임원	소장 / 팀장 / 팀원	경영관리 교육 / 직무교육 및 자기계발 교육
부장		경영자 과정(분기별 1회 / 외부위탁 교육)
차장		신임직책입문과정
과장		한마음 WS 과정
대리	팀원	조직활성화과정
사원		능력향상과정
		법정보수과정
		외부위탁과정
		통신과정
		정보화과정 OA
		신입/경력 사원 입문과정
INTRA		B사 인트라 메일 System

(4) B사 직무교육(능력 향상) 주요 내용

자기계발과정

실무직무능력향상과정

공통과정

1단계
◆ 대상: 사원 ~ 대리
◆ 주요 교육 내용
· 대인관계 향상과정 · 고객지향 서비스 향상과정
· 창의력 개발과정 · 기획력 과정

2단계
◆ 대상: 과장 ~ 차장
◆ 주요 교육 주안점
· 문제해결과정 · 커뮤니케이션과정 · 조직 활성화과정
· 프리젠테이션과정 · 기획력선과정 · 리더십과정

3단계
◆ 대상: 팀장 이상(차장~이사부장)
◆ 주요 교육 주안점
· 전략적사고과정 · 조직혁신과정 · 목표관리과정
· 리더십과정 · 경영전략과정 · 회계과정

4단계
◆ 대상: 현장소장
◆ 주요 교육 주안점
· 리더십과정 · 조직혁신과정 · 프로젝트과정
· 목표관리과정 · 경영전략과정 · 재무관리과정

(5) HRD 교육체계도

(KMA 자료)

분야 / 계층	리더십 & 성과관리	팀 & 개인역량 강화	조직개발 변화관리	SERVICE PLUS ACADEMY	HR 전문가양성
고급관리자	최고경영자과정 · MBO성과추구리더십과정 · 임파워링리더십 · 전략적코칭스킬과정	효과적인 회의진행 스킬 향상과정 · 프로젝트수행 능력향상과정 · 성과창출문제해결의사결정실무적용과정	경영전략수립 전문가과정		DDI 퍼실리테이터 양성과정
중견관리자	변화추진리더과정 · 관리자능력향상과정	PRESENTATION 스킬 향상과정 · 창의력혁신과정 · 상담 및 갈등처리과정 · 효율적인 시간 및 정보관리과정	CHANGE 매니지먼트 전문가과정	S+ 관리자과정 · 비지니스 행동예절 강사 양성과정	
초급관리자	팀리더십과정 · 현장리더 기본과정	SENIOR 팀멤버과정	관리혁신을 위한 전략적 의사결정과정 · 대인관계 갈등해소과정 · 사고혁신을 위한 합리적 문제해결과정		
실무자		JUNIOR 팀멤버과정 · 비서실무과정 · 여직원 능력향상과정 · 현장혁신 문제해결과정 · COMMUICATION 스킬 향상과정 · 전략적 사고와 기획력과정 · WIN WIN 협상스킬 향상과정	RISK 매니지먼트전문가과정 · 지식경영조직구축과정	비지니스 행동예절과정 · S+ 표준과정	교육체계 수립 전략과정 · 사내교수 양성과정 · 교육담당자 양성과정
신임자		신입사원 Good Start 과정			

4. 프로그램 예

(1) 조직변화 과정

1) 교육 취지

① 자사의 변화와 혁신을 가속화하고 도전정신의 사고함양을 위한 전사적 변화행동 실천

② 변화관리 정착을 위한 개인과 본부조직의 문제점 진단과 실천을 위한 처방 프로그램

③ 2002년 경영성과 달성을 위한 자기비전 설정과 긍정적이며 도전적인 조직문화의 구축

2) 일정: 년 월 일( ) ~ 월 일( )

3) 장소/인원: 연수원 / 명

4) 교육 주요 내용

일정	Module	교육내용	시간	방법
1일차 월 일 [ ]	Change - up 1 [제시의 장]	-불굴의 도전의식 함양 -도전과 변화에 대한 적극적인 사고	2H	강의
	Change - up 2 [공유의 장]	-팀별 과제 해결을 통한 팀빌딩 -창의력을 바탕으로 문제해결능력 배양 -팀원간 의사소통 촉진 -훈련을 통한 회사의 전략비전,역량 공유 -전개방법 1단계:-훈련모듈선택단계 2단계:-포스트 게임 3단계:-과제해결 4단계:-피드백	5H	실습
	Change - up 3 [가치창조의 장]	-걸개그림의 제작 -팀 시너지 효과의 최대화 -퍼즐의 완성을 통한 상호 존중	2H	실습
	Change - up 4 [팀웍의 장]	-내용 작품 준비 -역할 분담 -각 팀별 작품	4H	강의/ 실습
2일차 월 일 [ ]	Change - up 4 [팀웍의 장]	-각 팀별 작품 -특수 도미노 사용 -전체 도미노 연결 -도미노 넘어뜨리기	4H	실습
	Change - up 5 [본부 화합의 장]	-전체 본부의 화합 -걸개그림의 완성과 발표 / 정리	1H	실습

(2)교육담당자 역량 강화 과정

1)학습목표

① 경영환경 및 최근 기업교육의 동향, HRD 전문가로서의 역할 수행을 위해 필요한 역량('필요 필요점 분석-직무 분석-과정설계-교수기법-학습보조자료 개발-교안 작성-교육 운영-평가'등)에 관한 내용을 강의사례연구체험학습을 통해 체득한다.

② ISD(교수체제개발) 모델을 익혀 교육(HRD) 분야 프로젝트 기획수행능력을 기른다.

③ 디지털 교육환경에 맞는 플랜테이션(기획+프리젠테이션) 능력을 개발한다.

2)특징 및 기대효과

① 특징

-기업교육 전문가들의 '이론'과 기업 현장 실무담당자들의 '실전 경험', '노하우'를 종합하여 교육훈련 전반에 걸친 실무적이고 체계적인 교육 프로그램을 기획, 편성하였음

-교육결과의 실무적용 포인트 습득과 교육 후 교육과정 커뮤니티 모임방 제공을 통해 기업실무 현장에서 '실천' 노하우를 공유하며 교육결과의 현업 적용도를 높일 수 있다

② 기대효과

-교육담당자로서 현재 필요한 지식 및 Skill을 체득할 뿐만 아니라, 미래 지향적인 HRD 전문가로서의 자질능력을 확보하여 개인 및 소속 회사의 역량 강화 기반을 다질 수 있다

-교육과정의 개발 및 운영에 대한 자신감을 가질 수 있다

3) 교육 주요 내용

일정	Module	교육내용	시간	방법
1일차 월 일 [ ]	1. 기업교육의 Paradigm HRD Role & Competency ISD 모델 Overview	1) 기업경영환경의 변화 이해 2) 기업교육체계의 이해 3) HRD의 새로운 역할 4) 교육담당자의 역량, 역할과 자세 5) HRD-ISD 모델에 대한 이해	3H	강의/토의
	2. SPOT기법	1) Ice Breaking기법 2) 분위기 조성 3) 체험학습 게임	2H	강의/실습
	3. Trends의 체험	기업체 사례발표	1.5H	강의/사례
2일차 월 일 [ ]	4. 교육 필요점 분석	1) 교육 필요점 분석(Needs Analysis) 2) C.H.N.A 운영 메뉴얼 3) Job Task Analysis 프로세스	3H	강의/사례
	5. Condition Trainning 체험	1) 피지컬 트레이닝을 통한 컨디션 조절 2) 정신력, 판단력, 집중력 강화	1H	강의/실습
	6. 교육과정 개발 방법론 및 교육훈련 운영	1) 교육과정 개발 방법론 2) 교육과정 개발기법 설명 3) ISD, DACUM, CBC, HPT 4) 타사 사례연구 5) 교육 운영방법	4H	강의/실습
3일차 월 일 [ ]	7. Presentation & MAIS (매체활용법)	1) 프리젠테이션 스킬 2) Multimedia Aided Instruction System 3) 멀티미디어 교수지원 시스템	4H	강의/사례
	8. 학습성과의 평가	1) ROI 2) 형성평가 /평가도구	1.5H	강의

5. HRD 관련 주요 사이트 현황

기관명	사이트
AHRD	http://www.ahrd.org
AMAKOREA	http://amakorea.co.kr
ASTD 、	http://www.astd.org
CMC의식경영컨설팅	http://www.aha9.com
LG경제연구원	http://www.lgeri.com
ope교육지기	http://www.ope.co.kr
PSI컨설팅	http://www.psi21.co.kr
SERI	http://www.seri.org
SHRM	http://www.shrm.org
㈜엑스퍼트컨설팅	http://www.exc.co.kr
㈜이패스코리아	http://www.epasskorea.com
㈜하이컨설팅	http://www.onlinehrd.co.kr
국제경영원	http://www.imi.or.kr
러닝솔루션	http://www.learningsol.co.kr
록스컨설팅	http://www.luxc.com
산업정책연구원	http://www.ips.or.kr
아담재	http://www.adamjae.com
에이치앤피컴퍼니㈜	http://www.hnpc.co.kr
인코칭	http://www.incoaching.com
인재스쿨	http://global.injaes.com
크레듀	http://www.credu.com
포럼한국	http://new.forumkorea.com
한국리더십센터	http://www.eklc.co.kr
한국HRD센터	http://www.khrd.co.kr
한국능률협회	http://www.kma.or.kr
한국생산성본부	http://www.kpc.or.kr
한국인사관리협회	http://www.insabank.com
한국표준협회	http://www.ksa.or.kr

*ABC…, 가나다… 순

6. 참고문헌

◆참고도서◆

1. High Performer 컴피턴스(헤이컨설팅그룹)

2. HRD 담당자 입문과정(한국생산성본부)

3. HRD 전문가과정(PSI컨설팅)

4. HRD 컨설턴트 양성과정(한국생산성본부)

5. 과정 개발 전문가 양성과정(엑스포트컨설팅)

6. 교수체계 설계(ISD)(한국인력개발)

7. 교수학습이론(학지사)

8. 교육담당자 양성과정(엑스퍼트 컨설팅)

9. 교육담당자 양성과정(한국능률협회)

10. 교육담당자 역량 강화과정(OPE)

11. 교육연수담당자 양성과정(인사관리협회)

12. 교육체계 수립전략과정(한국능률협회)

13. 교육훈련 실무편람(한국인사관리협회)

14. 교육훈련전문가과정(한국생산성본부)

15. 글로벌 기업의 핵심역량(사계절)

16. 기업교육과 역량중심 교육과정(교육과학사)

17. 기업교육담당 메뉴얼(서울산업교육원)

18. 멘토링(김영사)

19. 산업교육론(문음사)

20. 산업교육 요구 분석(배영사)

21. 산업교육 이론과 실제(한국능률협회)

22. 알기 쉬운 역량모델링(PSI컨설팅)

23. 업무성과 향상의 비결 컴피턴시(이디에스컨설팅)

24. 역량모델 기법 및 활용(PSI컨설팅)

25. 월간 The HRD REVIEW(한국직업능력개발원)

26. 월간 인사관리(인사관리협회)

27. 월간 HRD(한국 HRD센터)

28. 월간 인재경영(인크루트)

29. 인사교육 및 성과향상 프로그램의 ROI 측정하기(한국리더십센터)

30. 인적자원개발론(학지사/한올출판사)

31. 전략적 인적자원 관리(세경사)

32. 한국 기업교육의 경쟁력 강화 방안(엘테크)

33. 한국의 기업교육 사례연구(박영사)

34. 핵심역량 경영(명진출판)

35. 핵심역량 핵심인재(한국능률협회)

36. 핵심역량과 학습조직(시그마프레스)

37. 핵심역량모델의 개발과 활용(PSI컨설팅)

▬-- *ABC…, 가나다… 순

◆국내논문◆

· 고연용(2002), 〈직무성과 향상을 위한 역량계획 및 역량 개발을 위한 교육요구 분석〉, 고려
  대학교 석사 논문

· 권대봉(1992), 〈산업교육의 요구 분석 기법 모델 개발〉, 한국산업교육학회 제4회 한국산업
  교육학회 세미나 발표자료

·   〃   (1992), 〈휴먼웨어를 개발하자〉, 서울 : 파고다

·   〃   (1993), 〈교육평가의 이해〉, 산업교육 34호, pp.48-51

·   〃   (1998), 〈산업교육론〉, 서울 : 문음사

· 김광일(1999), 〈인적자원 개발 부문의 지식경영에 관한 사례연구〉, 연세대학교 석사 논문

· 김난령(2002), 〈교육 개발 프로그램의 제도화과정에 관한 연구〉, 한양대학교 석사 논문

· 김선준(2000), 〈영업직무 핵심역량 개발을 위한 교육요구 분석〉, 고려대학교 석사 논문

· 김세룡(2002), 〈군 초급 리더 육성을 위한 역량모델 구축〉, 고려대학교 석사 논문

· 김영원(2002), 〈실천학습 프로그램이 공통 기본역량 향상에 미치는 효과〉, 연세대학교 석사 논문

· 김정일(1997), 〈성인교육 및 사회 프로그램에서의 요구 분석 모델과 우선순위 결정의 양적 접근〉, 평생교육연구, 제3권, pp.33-59

· 김진모(1997), 〈직무교육 훈련의 유연성과 그 영향요인〉, 서울대학교 박사 논문

· 김헌(1997), 〈기업 역량이 전략과 성과에 미치는 영향에 관한 연구〉, 연세대학교 박사 논문

· 서경민(1998), 〈H 투자신탁회사 재무설계사의 교육요구 분석〉, 고려대학교 석사 논문

· 송진휘(2001), 〈관리직 사원 핵심역량 개발을 위한 교육요구 분석〉, 고려대학교 석사 논문

· 우성민(2001), 〈기반 역량교육 프로그램의 효과성에 관한 연구〉, 연세대학교 석사 논문

· 이덕근(2002), 〈인적자원 개발을 위한 자동차 영업직의 핵심역량에 관한 연구〉, 고려대학교 석사 논문

· 이우헌(2002), 〈보병 소대장의 핵심역량 모델 연구〉, 국방관리대학원 석사 논문

· 이혜정(1998), 〈요구 분석이 교수과정 개발에 반영되는 의사결정 요인 연구〉, 서울대학교 석사 논문

· 이홍구(1999), 〈기업의 핵심역량을 통한 전략적 구조의 구축〉, 한양대학교 석사 논문

· 장하수(1999), 〈인적자원 개발에서 직무역량의 활용에 관한 연구〉, 조선대학교 석사 논문

· 정봉영(1994), 〈국내 기업에서의 ISD모델을 활용한 교육 프로그램 개발〉, 교육공학연구 4(1), pp.103-138

· 정재창(1998), 〈직무역량을 기반으로 한 커리큘럼 개발방안〉, KPI교육연수담당자 월례미팅(5), 한국인사관리협회

· 조미진(1998), 〈핵심역량을 기반으로 한 커리큘럼 개발 방안〉, 월간 인사관리 월례미팅 4, 인사관리협회

· 최미나·허운나(1994), 〈ISD모델에 따른 산업교육 프로그램의 행동평가 도구 개발 방법〉, 교육공학연구 4(1), pp.61-102

· 최용수(1995), 〈Core Competency에 의거한 사업다각화 유형에 관한 연구〉, 한양대학교 석사 논문

· 하영호(1999), 〈핵심직무 역량모델과 역량중심 교육체계 수립〉, 월간 인사관리 월례미팅 1, 인사관리협회

· 홍성근(2003), 〈기업체 리더십 유형과 핵심역량과의 관계에 관한 연구〉, 인하대학교 박사 논문

◆외국문헌◆

· American Society for Training and Development(1986), 〈Serving the New Corpiration〉, Alexanddria,VA : ASTD Press

· Carroll, A., & McCrackin, J.,(1998), 〈The component use of Competency-based Strategies for selection and development〉, Performance Improvement Quarterly, 8(3), pp.80-95

· Campbell, A. & Sommers, K.(1997), 〈Core Competency-based strategy〉, UK : International Ltd.,Padstow, Cornwall

· Dubois, D. D.(1993), 〈Competency-based performance improvement : A strategy for Organizational change〉, Amherst, MA : HRD Press

· Gilley, J. W, & Eggland, S. A.(1989), 〈Principles of Human Resource Development〉, Boston, Massachusetts : Addison-Wesley Publishing Company, Inc

· Gilley, J. W, & Maycunich, A.(1998), 〈Strategically Integrated HRD : Partnering to Maximize Organational Performance〉, MA : Addison-Wesley

· Kaufman, R., & Valentine, G.(1989, Nov/Dec,), 〈Relating needs assessment And needs analysis〉, Pergormance & Instruction, pp.10-14

· Klemp, G. O., Jr(1982, Oct.), 〈Job competence assessment : Defining the attributes of the top performer〉, Alexandria, VA : ASTD

· Linkage.(1996), 〈Competency Modeling and application〉, Linkage

· Long, H. B.(1983), 〈Adult learning : Research and practice〉, Cambridge : Adult Education Company

· Lucia, A. D. and Lepsinger, R.(1999), 〈The art and science of competency medels : Pinpointing critical success factors in organization〉, N. Y. : Jossey-Bass Publisher

· McKillip, J.(1987), 〈Need analysis : Tool for the human services and education〉, London : Sage Publications

· Mclagan, Patricia. A., & Suhadolnik, Eebra(1989), 〈Model for HRD Practice : The Resrarch Report〉, Alexandria, VA : ASTD Press

· Mclagan, Patricia. A(1989), 〈Great Ideas revisited : Job Competency Models : Training and Development〉, 50(1), 60-65(1997, May)〉, 〈Competencies : The Next generation, Training and Development, pp.40-59

· Mirabile, R.(1997), 〈Everything you wanted to know about competency modeling〉, Training & Development : August

· Nadler L.(1983), 〈Human resources development : The perspectives of Business and industry〉, Columbus, OH : ERIC Clearning House on Adult, Career, and Vocational Education

· Spencer, L. M., & Spencer, S. M.(1993), 〈Competency at work : Models for superior performance〉, 1edition, Canada : John Wiley & Sons, Inc

· Stolovitch, H. D. & Keeps, E. J.(1999), 〈What Is Human Performance Technology?〉, In Stolovitch, H. D. & Keeps, E. J.(eds), 〈Handbook of Human Performance Technology : Improving Individual and Organizational Performance Worldwide(2nded)〉, SanFrancisco, CA : Jossey-Bass

── *ABC…, 인명순